마흔, 어제와 다르게 살아라

마흔, 어제와 다르게 살아라

초판 1쇄 인쇄 2012년 2월 5일
초판 1쇄 발행 2012년 2월 15일

지은이 | 양광모
펴낸이 | 김경수
기획, 책임 총괄 | 박향미
편집 | 배은경, 최현숙
마케팅 | 정은진

제작 | 팩컴 AAP(주)
펴낸곳 | 팩컴북스
출판등록 | 2008년 5월 19일 제 381-2005-000074호
주소 | 463-867 경기도 성남시 분당구 정자동 159-4 젤존타워 2차 8층
전화 | 031-726-3666
팩스 | 031-711-3653
이메일 | pacombooks@hanmail.net
값 | 13,500원

ISBN 978-89-97032-06-8 13320

마흔, 어제와 다르게 살아라

양광모 지음

팩컴북스

Prologue

참 기분이 좋다. 40대의 마지막 해에 마흔을 위한 책을 쓰게 되었다. 나는 지금 이제 막 오랫동안 기다려온 여행을 출발한 사람마냥 긴장과 흥분으로 설레고 있다. 이 책을 통해 세월의 동기(同期)들과 나누고 싶은 이야기도 많고, 세월의 연하(年下)들에게 들려주고 싶은 이야기도 무척이나 많다. 아무쪼록 지난 10년 동안 내가 겪었던 기쁨과 슬픔, 성공과 실패, 행복과 불행의 교훈들이 보다 많은 사람들에게 공유될 수 있기를 기대해본다.

공자는 마흔이라는 나이를 불혹(不惑)으로 표현했다. 마흔이 되면 세상일에 갈팡질팡하거나 유혹에 넘어가지 않고, 쉽게 판단을 흐리는 일이 없어진다는 뜻이다. 그러나 나는 그러지 못했다. 마흔이라는 나이를 넘어서도 끝없이 흔들렸고, 오히려 점점 더 위태롭게 비틀거리며 살아왔다. 40대의 세상도 여전히 폭풍우가 몰아치는 거친 바다였고, 나는 파도 위를 표류하는 작은 돛단배에 불과했다. 그런 이유 때문에 나는 40대를 불혹의 시기라기보다는 질풍노도의 시기라고 생각한다. 미국 심리학자 스탠리 홀(G. Stanley Hall)은 청소년기를 질풍노도의 시기(period of storm and stress)라고 표현하였다. 18세기 무렵 독일에서 일어난 문학운동 슈투름 운트 드랑(Sturm und Drang)에서 빌려온 말로, 몹시 빠르게 부는 바람(疾風)과 무섭게 소용돌이치는 물결(怒濤)을 의미한다. 이 시기를 대표하는 문학 작품으로 괴테가 쓴《젊은 베르테르의 슬픔》이 있다. 나의 40대 또한 젊은 베르테르와 마찬가지였다. 불혹의 나이에도 끝없는 불안과 걱정에 시달렸고 불면의 밤을 지새워야 했다.

물론 다른 관점에서 보면 마흔은 불혹의 시기라고도 생각할 수 있다. 40대의 삶은 지극히 평범하고 단조롭다. 다람쥐 쳇바퀴 돌 듯이 집과 직장을 오가며 변화는 거의 일어나지 않는다. 오늘은 어제의 반복이고, 내일은 오늘의 반복이다. 그렇다고 새로운 도전이나 모험에 뛰어들지도 않는다. 삶에서 감동을 느끼는 일도, 열정에 사로잡히는 일도 점점 드물어진다. 분노하기보다는 쉽게 체념하고, 이따금씩 밀려드는 고독감은 가슴속에 묻어버린다. 왜 그렇게 사는 것일까? 아마도 불혹의 나이라는 관념에 사로잡혀 있기 때문일 것이다. 40대는 더 이상 상처받지 않고, 더 이상 불안하지 않고, 더 이상 세파에 흔들리지 않는 불혹의 삶에 유혹(誘惑)당하는 나이다. 마치 '이제는 돌아와 거울 앞에 선 내 누이 같은 꽃'의 삶을 살고 싶은 시기가 40대인 것이다. 그렇지만 인생의 목적은 항구에 정박하는 것이 아니라 바다를 항해하는 것이다. 40대의 삶 또한 불혹에만 머물 수는 없으며, 때로는 질풍노도 속을 향해 과감하게 달려가야 한다.

질풍노도와 불혹. 어떻게 하면 이 둘 사이에서 40대를 슬기롭게 살아갈 수 있을까? 이것이 바로 내가 이 책을 통해 말하고 싶은 주제다. 이 책에서 나는 40대가 되면 알아야 할 성공과 행복, 가족과 인간관계, 인생의 교훈과 비결에 대해 이야기할 것이다. 너무 흔들리지 않고, 그렇다고 너무 안주하지도 않는 40대의 삶을 살아갈 수 있는 방법에 대해 설명할 것이다. 또한 40대에 경험하는 여러 가지 삶의 단상(斷想)들도 함께 공유해보고자 한다. 아무쪼록 마지막 페이지를 덮을 때까지 즐겁고 편안한 여정이 되기를 바란다.

이 책은 내가 쓴 열여덟 번째 책이다. 부족한 원고가 세상에 나올 수 있도록 소중한 기회를 제공해주신 팩컴코리아㈜ 김경수 대표님, 기획과 편집을 맡아 수고해주신 박향미 편집장님, 팩컴코리아㈜의 가족들에게 깊은 감사의 마음을 전한다.

지금 불혹과 질풍노도 사이를 오가며 하루하루 숨가쁘게 달리고 있는 세상의 모든 40대, 마흔이라는 미지의 대륙에 첫발을 내딛을 미래의 40대들에게도 감사와 격려를 전한다. 바라건데 지금 여러분이 서 있는 터전에 깊게 뿌리를 내려라. 쉽게 흔들리지 말고 꿋꿋하게 살아가라. 그렇지만 절대로 꿈과 열정만은 잃어버리지 말기를! 40대의 반은 불혹 속에서, 나머지 반은 질풍노도 속에서 살아야 행복한 성공을 이룰 수 있다. 마지막으로 이 책을 읽는 독자 여러분께도 감사를 보낸다.

혹시라도 필자가 도움이 될 일이 있다면 언제든지 연락하시라. 책 표지에 메일과 블로그 주소를 적어놓았다. 필자가 운영하는 카페와 페이스북에 찾아오는 것도 대환영이다.

여러분의 앞날에 행복과 성공이 함께하길 기원하며, 헬렌 켈러의 말을 응원의 메시지로 옮겨놓는다.

"인생은 과감한 모험이던가, 아니면 아무것도 아니다."

2011년 12월

양광모

Contents

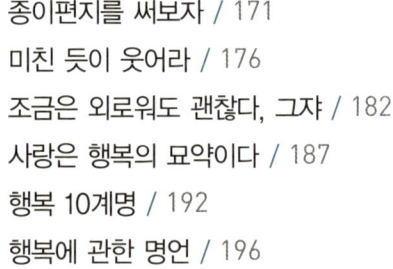

part 1

그래도
가슴은
뛴다

그대와
함께
와인을

경기도 시흥에 있는 연꽃테마파크에 다녀왔다. 연꽃테마파크는 조선시대 강희맹 선생님이 명나라에서 연꽃 씨를 가져와 심었다는 관곡지(官谷池) 주변에 연꽃단지와 산책로, 자전거 도로를 조성해서 만든 공원이다. 입구에 들어서자마자 남개연꽃, 노랑어리연꽃 등 각양각색의 연꽃과 수련들이 아름다운 자태를 뽐낸다. 금개구리, 고추잠자리, 벼메뚜기까지 덤으로 구경하며, 모처럼 시골 정취를 마음껏 즐길 수 있었다. 공원 여기저기를 거니는데 연신 감탄사를 쏟아내던 아내가 말한다.

"목련이 정말 예쁘지 않아요?"

순간, 무슨 말인가 의아해하던 나는 웃음을 터뜨렸다. 이내 자신의 실수를 깨달은 아내도 멋쩍은 미소를 지었다. 잠시 후, 어이없게도 내가 똑같은 실수를 저지르고 말았다. 머릿속에 무슨 엉뚱한 생각을 했는지 이렇게 말했다.

"저쪽에 있는 토란, 참 신기하게 생겼네."

아내가 배꼽을 잡고 웃는다. 무안하고 어이없는 마음에 나도 더 큰 소리로 웃었다. 나이가 드니 점점 '사오정'이 되어간다.

언젠가부터 우리 사회에서 다른 사람의 말을 잘 알아듣지 못하고, 엉뚱한 대답과 이상한 행동을 하는 사람을 '사오정'이라 부르기 시작했다. 그러다 보니 인터넷을 검색하거나 모임에 참석했을 때 사오정에 관한 이야기를 많이 접하게 된다. 그중 몇 가지를 옮겨본다.

사오정이 배를 저을 때 쓰는 노의 이름은? 뭐라카노.
사오정의 생일은? 못 들었데이.
사오정이 사는 나라의 국기는? 보청기.

이런 차원에서 생각해보면 나 역시 사오정임에 틀림없다. 어렸을 때부터 가는귀가 먹어 사람들의 말을 잘 알아듣지 못했다. 더군다나 10년 넘게 신문과 방송을 멀리하다 보니 사람들 사이에 널리 퍼진 유행어조차 알아듣지 못했다. 자연히 엉뚱한 대답을 하는 경우가 많았다. 이태백, 삼팔선, 사오정, 오륙도라는 단어들이 무슨 뜻인지 몰라 번번이 되물어야 했다. 틀림없이 다른 사람들 눈에는 사오정으로 보였을 것이다. 그래도 아직 오륙도는 아니니 다행스런 일이다.

45~65세의 중·노년층을 가리키는 '와인세대'라는 용어가 있다. 와인은 뜨거운 햇볕과 오랜 숙성을 거쳐 그윽한 향과 빛깔을 띤다. 마찬가지로 인고(忍苦)의 세월을 통해 사회적 가치와 개인적 삶이 성숙하게 통합된 중·노년을 와인세대라 부르는 것이다.

흔히 와인은 신의 축복, 신의 물방울이라 불리는 술이다.

그렇다면 와인세대의 삶도 신의 축복일까? 먼저 긍정적인 측면을 살펴보자. 와인세대는 사회와 가족에 대한 책임감이 강하다. 자신의 삶에 관심이 많으며 새로운 도전을 통해 제2의 인생을 준비한다. 나이는 숫자에 불과하며 60세는 아직 젊은 나이라고 생각한다. 무조건적인 절제보다는 인생의 즐거움을 추구하며, 자녀보다는 부부 중심의 라이프 스타일을 지향한다. 인터넷과 휴대폰, 문자 메시지 등 디지털 활용비율도 높은 편이다.

반면, 와인세대는 다음과 같은 부정적인 측면을 지니고 있다. 평생 직장 개념의 소멸로 항상 해고 위험에 노출되어 있다. 계속되는 경기 침체와 세대 교체 바람으로 재취업이 어렵다. 1인당 평균 자산은 2억 2,400만 원이지만 부동산이 전체 자산의 82퍼센트를 차지한다. 빚을 제외한 실제 자산은 1억 8,800만 원에 불과하다. 자녀를 위해 많은 돈을 지출하지만 자녀에게 부양받을 가능성은 희박하다. 개인의 노후준비는 물론 정부 차원의 복지제도도 매우 미흡하다.

이외에도 와인세대는 직장 퇴직에 따른 상실감, 시대에 뒤떨어진 듯한 불안감, 젊은 층과의 세대 차이에서 오는 단절감에 시달리며 질병, 노화 등 건강상의 문제가 발생하기 시작한다. 이런 관점에서 보면 와인세대는 '술 푸게 하는 세대'인지도 모를 일이다.

이처럼 와인세대는 신의 축복이 될 수도, 아니면 사오정 세대의 연장이 될 수도 있다. 적절한 준비와 과정을 거치면 고품질 와인처럼 잘 숙성된 삶을 살 수 있다.

반면에 자칫 잘못하면 시대에 뒤떨어진 사오정이 되어 불안감과 단절감 속에 여생을 보내야 한다.

2010년, 세계적인 투자은행 맥쿼리에서는 'A세대'라는 용어를 만들었다. '열망, 포부'를 의미하는 영어 단어 'Aspiration'에서 A를 따와 만든 것이다. A세대는 신흥경제국가의 도시에 살며, 연간 2천 파운드를 벌고, 지속적으로 소득이 늘고 있는 30~40대 중산층을 일컫는다.

한편, 글로벌 경제위기 이후 사회에 진출해 어려움을 겪는 세대를 'R세대(Generation of Recession, 불황세대)'라고 부른다. 우리나라를 예로 들면, 1997년 외환위기 이후 사회에 진출한 지금의 30대 중반 이후가 R세대에 해당되는 셈이다. 이처럼 40대 이후의 삶은 두 갈래 길로 극명하게 구분된다. 따라서 우리는 R세대가 아니라 A세대의 삶을 살아야 하고, 궁극적으로는 신의 축복 같은 와인세대의 삶을 살도록 미리미리 준비해야 한다. 인생은 짧지만 노년은 길고 멀다는 사실을 명심하자.

모두 잔을 들고 건배하자.

첫 번째 잔은 치열하게 살아온 우리의 지난 날을 위해!

두 번째 잔은 영원히 돌아오지 않을 오늘을 위해!

마지막 잔은 연꽃보다 화려한 미래를 위해!

와인세대 만세!

인생은
공평하지
않다

빌 게이츠가 고등학교 졸업식에서 이야기한 것으로 알려진 **10**가지 조언은, 사실은 **1996**년 **9**월 **19**일 미국 교육자 찰스 시키즈(Charles J. Sykes)가 '학교에서는 배울 수 없는 것들(Some rules kids won't learn in school)'이라는 제목으로 신문에 기고한 글이다. 여기에 나오는 첫 번째 조언은 다음과 같다.

"Life is not fair, get used to it."

인생이란 공평하지 않다. 그 사실을 받아들여라.

찰스 시키즈의 말처럼 인생이란 공평하지 않다. 무엇보다 빌 게이츠의 인생이 그것을 증명한다. 그는 명문가의 자손으로 태어났으며 **20**대에 마이크로소프트를 설립하였다. 그리곤 별다른 실패나 역경 없이 무려 **560**억 달러가 넘는 재산을 보유한 세계 최고의 부자가 되었다. 이처럼 인생은 공평하지 않으며, 오히려 매우 불공평하다. 만약 당신이 20, 30대 나이라면 이런 사실에 분노하거나 잡다한 불평불만을 늘어놓을 수도 있다. 그러나 불혹의 40대라면, 인생이 불공평하다는 사실을 당연하게 받아들여야 한다. 오히려 다음과 같은 말에서 삶의 지혜를 깨달아야 한다.

"사람들은 슬픈 일이 닥칠 때마다 '이런 일이 하필이면 나에게 생기는 것일까?' 라고 생각하지만 기쁜 일이 일어났을 때도 똑같은 생각을 하지 않는 한 그런 말을 할 자격이 없다."

나 또한 마찬가지였다. 40세가 되던 2002년 6월 3일, 야심만만한 꿈과 원대한 포부를 품고 지방선거에 출마를 했는데 그만 낙선하고 말았다. 이로 인한 후유증은 이루 다 말할 수 없었다. 경제적 손실은 물론이거니와 사람에 대한 불신으로 대인기피증이 생겼고, 인생과 세상의 불공평을 원망하며 매일 밤 잠을 이루지 못하였다. 자나깨나 머릿속에 맴도는 생각은 '왜 이런 불운이 하필이면 나에게 찾아오는 것일까?' 였다.

그러던 어느 날 고등학교 친구가 자신과 함께 일할 것을 제안하였다. 그의 말에 따라 강남역 인근 사무실로 출근하였고, 리모델링이 진행 중인 대형빌딩의 상가와 오피스텔을 분양하는 일을 시작하였다. 사실, 부동산경기가 침체되던 시기라 그리 밝은 전망은 아니었다. 그런데 며칠 후 생각지도 못했던 일이 일어났다. 점심시간 무렵, 한 중년 남성이 사무실로 들어오더니 건물 한 층 전체를 분양받고 싶다는 것이었다. 그리곤 2개월 후, 여러 가지 우여곡절 끝에 마침내 정식으로 계약이 체결되었다. 대략 70억 원이 넘는 분양금액이었기 때문에 나에게도 1억 원 정도의 돈이 인센티브로 지급되었다. 정말 나로서는 하늘의 도움과 같은 다행스런 일이었다. 선거출마를 위해 대출을 받았고, 주변 사람들에게 급전을 빌려 금전적인 어려움이 많았던 절박한 상황이었기 때문이었다.

이 계약 덕분에 여러 곳의 채무를 정리했고, 모처럼 삶의 여유를 되찾을 수 있었다. 그렇지만 내 머릿속에 '왜 이런 행운이 나에게 찾아온 것일까?' 라는 생각은 전혀 떠오르지 않았다. 아마도 내가 기울인 노력에 대한 결실, 또는 그동안의 불운한 삶에 대한 보상으로 생각했었던 것이다. 그렇지만 이는 공평하지 못한 태도였다.

인생에서 행운이 찾아오는 것을 당연하게 생각한다면, 불운 또한 당연하게 받아들여야 한다. 행운이 찾아오는 것을 불평하지 않는다면, 불운이 찾아오는 것에 대해서도 불평할 자격이 없다는 사실을 깨닫게 되었다.

독일의 시인이자 소설가인 헤르만 헤세(1877~1962년)는 《수레바퀴 밑에서》, 《데미안》, 《유리알 유희》 등의 작품으로 널리 알려진 작가다. 그의 청소년기는 대표적인 질풍노도의 시기였다. 정신적인 속박에서 벗어나기 위해 신학교를 뛰쳐나왔고, 15살 때는 실연의 아픔으로 자살을 시도하였다. 이후 신경쇠약으로 정신요양원에 입원했으며, 결국 고등학교를 중퇴한 후 시계부품공장 견습공과 서점 점원을 전전하였다. 다행히 30대에는 문학적 성취를 이루며 큰 명성을 얻었다. 그렇지만 40살이 되던 1916년부터는 아버지의 죽음, 막내아들의 중병, 아내의 정신병 악화와 입원, 아내와의 이혼, 재혼과 두 번째 이혼, 자신의 신병(身病) 등 수많은 고통과 불행을 겪어야 했다.

이 당시 헤세가 쓴 대표적인 작품이 바로 《데미안》이다. 이 소설은 '새는 알에서 깨어나기 위해 투쟁한다. 알은 새의 세계다. 태어나려고 하는 자는 하나의 세계를 깨뜨리지 않으면 안 된다.' 는 문장으로 유명하다. 《데미안》이 헤세의 나이 40대 중반에 발표되었다는 사실은 매우 의미심장하게 다가온다. 왜냐하면 불혹이라는 것도 결국 나를 둘러싼 하나의 세계를 깨뜨려야만 가능한 일이기 때문이다. 그 중에서도 가장 먼저 깨뜨려야 할 것은 인생이 공평해야 한다는 고정관념의 껍데기다. 1946년 노벨문학상을 수상하며, 작가로서 최고의 명예와 성공을 차지한 헤세는 이렇게 말했다.

"삶이 밝을 때도 어두울 때도, 나는 결코 인생을 욕하지 않겠다."

인생을 살다보면 생각지 못했던 불운과 불행, 슬픔이 찾아온다. 반대로 기대하지 않았던 행운과 행복, 기쁨이 찾아오기도 한다. 어떤 경우든 우리는 공평하게 받아들여야 한다. 불운이라고 해서 불평할 수 없으며, 행운이라고 해서 당연한 것으로 치부할 수도 없다. 삶이 밝을 때나 어두울 때나 결코 인생을 욕하지 않으며 담담하게 나의 길을 걸어야 한다. 그것이 불혹의 40대로 태어나기 위해 우리가 깨뜨려야 할 또 하나의 알이요, 세계다.

인생은 공평하지 않다.

행운과 불운을 모두 당연하게 받아들여라. 그것이 바로 불혹의 인생관이며, 흔들림 없이 인생을 살아가는 비결이다.

지금 '인생은 공평해야 한다.' 는 알에서 깨어나라.

탓하지
말고
타타타하라

고등학교 동창들과 함께 남양주에 있는 예봉산에 올랐다. 정상까지 683.2미터 높이의 그다지 험하지 않은 산이라 오르내리는데 3시간 남짓 소요되었다. 산행을 마친 후 식당에 들러 닭백숙, 파전, 두부김치를 안주 삼아 막걸리를 주고받다 보니 어느덧 해가 훌쩍 저물었다. 시간이 늦어 그만 집으로 돌아오려는데 벌써 헤어질 수 없다는 몇몇 친구들의 고집 때문에 결국 노래방으로 발길을 돌렸다. 방으로 들어가자마자 첫 번째로 마이크를 잡은 친구가 김국환의 〈타타타〉를 부르기 시작한다.

네가 나를 모르는데 난들 너를 알겠느냐.
한 치 앞도 모두 몰라 다 안다면 재미없지.

바람이 부는 날은 바람으로

비 오면 비에 젖어 사는 거지.

그런 거지. 음음음 어허허

산다는 건 좋은 거지 수지맞는 장사잖소.

알몸으로 태어나서 옷 한 벌은 건졌잖소.

우리네 헛짚는 인생살이

한세상 걱정조차 없이 살면 무슨 재미

그런 게 덤이잖소

어허허허허, 어허허허허허허

'타타타(Tathata)' 는 산스크리트어로 '본래 그러한 것' 이라는 뜻이며 한자로 '여여(如如)' 라고 표기한다. 여여는 '어찌하면 어떠하리' 라는 의미이니, 결국 타타타는 '인생이란 본래 그런 것이니 이런들 저런들 어떠하랴.' 는 뜻으로 이해할 수 있다. 나이를 먹을수록 절실하게 깨닫는 것이 인생은 '타타타' 라는 사실이다. 김국환의 노래처럼 '알몸으로 태어나 옷 한 벌은 건진 수지맞는 장사' 가 인생이다.

그렇지만 우리들 대부분은 '타타타' 가 아니라 '탓탓탓' 으로 살아간다. '잘되면 내 탓, 안 되면 조상 탓' 이라는 말처럼 부모 탓, 남편 탓, 아내 탓, 상사 탓, 부하 탓, 시간 탓, 돈 탓, 능력 탓을 하며 한탄과 원망으로 아까운 시간을 허비한다.

나 또한 그랬다. 어린 시절의 나는 가난 탓을 입에 달고 살았다. 종종 밥대신 국수로 끼니를 때우곤 했는데, 이마저도 살 돈이 없어 이웃집으로 100원(당시 국수 한 봉지 값)을 빌리러 다녀야 했다. 늦은 밤, 봉지쌀(50대는 잘 알 것이다) 심부름을 가는 골목길에 울려 퍼지던 교회의 찬송가 소리를 들으면 왠지 모를 억울한 심정에 눈물을 흘리곤 했고, 이따금 집으로 찾아와 한바탕 난리를 피우고 돌아가는 빚쟁이의 뒤를 밟으며 철없이 복수를 다짐하곤 하였다. 나는 가난에 절망하였고, 가난을 탓하였다. 이것으로 끝났으면 좋으련만 어린 시절의 '가난 탓'은 단지 시작에 불과했다. 어른이 되어서도 탓은 계속되었다. 때로는 머리 탓, 때로는 친구 탓, 상사 탓을 비롯해 온갖 탓을 입에 달고 40여 년을 살아왔다. 때로는 IMF를 탓했고, 증권시장의 작전세력을 탓했으며, 국민들의 낮은 정치의식을 탓했다. 얼마 전까지의 내 삶은 한 마디로 '탓의 인생'이었다.

다행히 불혹의 나이를 맞으며 인생은 '탓탓탓'이 아니라 '타타타'라는 사실을 깨달았다. 바람이 부는 날은 바람으로, 비가 오면 비에 젖어 살아가는 것을 당연하게 생각하는 사람만이 인생을 행복하게 살 수 있다는 사실을 알게 되었다. 모든 과거는 전적으로 내 책임이라는 사실을 인정할 때, 미래 또한 내가 원하는 대로, 내 책임 아래 만들어 나간다는 원칙도 이해할 수 있었다.

2003년의 일이다. 온라인 커뮤니티에서 알게 된 100여 명의 사람들과 함께 자본을 출자해 부동산 지주회사를 설립하였다. 첫 출발은

순조로웠지만 6개월이 지나기도 전에 내부 이사 간의 갈등으로 사업은 난항을 겪게 되었다. 외부에 투자한 자금의 채권 확보 방법을 둘러싸고 사소한 의견대립이 발생했는데, 점점 인신공격과 극한대결로 치닫더니 회사는 회생 불가능한 상태로 빠져들고 말았다. 결국 모든 책임을 지고 대표이사의 자리에서 물러날 수밖에 없었다. 지금 생각해 보면 가장 큰 문제는 나의 경영 능력 미숙이었다. 그렇지만 그 당시 내 머릿속에는 K이사에 대한 '탓'만 가득했다. 그만 아니면 모든 일이 성공적으로 진행되었을 것이라는 원망과 분노에 몸을 떨곤 하였다. 그런 나에게 생각의 전환을 가져다준 것은 앤디 앤드루스의 책, 《폰더 씨의 위대한 하루》에 실려 있는 다음과 같은 글이었다.

'공은 여기서 멈춘다. 나는 내 과거에 대하여 모든 책임을 진다. 내가 오늘날 심리적으로, 육체적으로, 정신적으로, 재정적으로 이렇게 된 것은 내가 선택한 결과다. 나는 앞으로 나의 현재 상황에 대해 그 누구에게도 책임을 전가하지 않겠다. 나의 교육 배경, 나의 유전자, 일상생활의 다양한 여건이 나의 미래에 부정적인 영향을 주지 않도록 하겠다. 내가 성공하지 못한 이유를 이런 통제하기 어려운 힘들에게 미룬다면, 나는 과거의 거미줄에 사로잡혀 영원히 빠져나오지 못할 것이다. 나는 내 성공에 대하여 책임을 진다.'

현재는 과거에 내가 선택한 결단의 결과이며, 전적으로 나에게 책임이 있다. 그것을 인정해야만 미래 또한 현재의 결단에 의해 내 스스로 만들 수 있게 된다. 내가 아닌 어떤 것에도 책임을 전가해서는 안

되며 내 스스로 책임을 질 때, 미래의 성공 또한 내 스스로 통제할 수 있다는 진리를 이 책을 읽으며 깨달을 수 있었다. 일본에서 '경영의 신(神)'으로 불리는 마쓰시타 고노스케는 자신의 성공 비결을 묻는 질문에 다음과 같이 말했다.

"나는 하느님이 주신 3가지 은혜 덕분에 크게 성공할 수 있었다. 첫째, 집이 가난해 어릴 적부터 구두닦이, 신문팔이 같은 고생을 통해 세상을 살아가는 데 필요한 경험을 쌓을 수 있었다. 둘째, 태어났을 때부터 몸이 약해 항상 운동을 열심히 했기 때문에 건강을 유지할 수 있었다. 셋째, 초등학교도 못 다녔기 때문에 모든 사람을 스승처럼 생각하고 누구에게나 물어가며 배우는 일을 게을리하지 않았다."

보통 사람 같으면 가난 때문에, 건강 때문에, 학력 때문에 인생이 힘들다고 불평하며 살았겠지만 마쓰시타 고노스케는 그렇지 않았다. 오히려 그는 자신의 상황을 '덕분에'라고 생각하며 감사함과 겸손함을 잃지 않았고, 한층 더 노력했다. "감옥과 수도원의 차이는 불평하느냐, 감사하느냐에 달려 있다."는 마쓰시타 고노스케의 말은 우리에게 인생을 살아가는 올바른 자세를 일깨워준다.

'탓'하지 말고 '타타타'하라. '때문에'라고 생각하지 말고 '덕분에'라고 말하라.

인생의 성공과 행복은 탓이 아니라 나의 책임에 달려 있다는 사실을 명심해야 한다.

후회 없는
삶을
후회하라

후회(後悔)는 '이전에 자신이 내린 결정이 잘못된 것이라고 느끼는 감정'이다. 어렸을 때 공부를 열심히 하지 않은 것, 사랑했던 여자를 떠나보낸 것, 부모님이 살아계실 때 효도를 다하지 못한 것, 자녀와 더 많은 시간을 함께 보내지 못한 것, 대박의 환상에 젖어 주식투자에 뛰어든 것, 저녁을 과식한 것, 다른 사람에게 심한 말을 한 것 등…….

어찌 보면 인생은 후회의 연속이다. 그러나 우리는 이 세상에 태어난 것을 후회할 수는 없다. 왜냐하면 그것은 스스로 내린 결정이 아니기 때문이다. 이 세상에 태어난 것에 대해 우리가 할 수 있는 일은 부모에 대한 감사, 또는 원망일 뿐이다. 인생 또한 마찬가지다. 어떤 사람은 자신의 인생에 감사하고, 어떤 사람은 자신의 인생을 원망한다. 불혹의 40대에 더 많이 시도해야 할 것이 있다면 그것은 바로 후회다. 더 늦기 전에 우리는 부지런히 자신의 결정과 행동에 대해 후회해야 한다.

최근 각계 인사교류모임 회원 몇 명과 함께 점심을 먹은 적이 있다. 지난 연말 H그룹에서 퇴직한 K상무를 격려하기 위해 갑작스럽게 마련한 자리였다. 반갑게 인사를 나누며 그동안의 근황을 주고받는데, A부장이 자신 역시 회사를 그만두게 되었다고 말했다. 얼마 전 신문기사를 통해 S그룹에서 추진 중인 대대적인 명예퇴직 소식은 알고 있었지만 이제 막 40을 넘긴 A부장의 퇴직은 다소 놀라움을 안겨주었다. 어찌 되었든 새로운 출발에 대한 격려와 축하(?)의 말로 대화를 주고받는데, A부장이 다음과 같이 말했다.

"이번에 300명이 넘는 직원들이 퇴직했는데 반응이 참 다양해요. 어떤 사람들은 화를 내고, 심지어는 억울하다고 눈물을 흘리는 사람까지 있었는데, 그 모습을 보며 무척 안타까웠습니다. 그동안 열심히 일했고 후회 없이 직장생활에 임했다면, 이제 회사를 떠난다고 미련을 두거나 원망하는 일은 없어야 되는 게 아닐까 생각해보았습니다. 오히려 지난 수십 년 동안 회사가 월급을 주고 여러 가지 복리후생과 혜택을 준 것에 대해 감사해야 할 일인데 말입니다."

그 이야기를 듣던 K상무가 말을 이어받았다.

"열심히 일하는 것도 중요하지만 목적의식도 중요한 것 같습니다. 어떤 인생을 살 것인지에 대한 방향성 없이 직장 업무에만 매달리다 보면 정작 회사를 떠나야 할 때 자기 자신과 인생의 정체성에 혼란이

옵니다. 삶에 대한 분명한 목적의식을 갖고 일해야 후회 없는 직장생활도 가능할 겁니다."

모임을 마치고 사무실로 돌아온 나는 상념에 잠기게 되었다. 가장 먼저 떠오른 것은 1996년, 첫 번째 직장이었던 SK텔레콤을 퇴직한 일이었다. 당시 나는 노동조합위원장 재선거에 떨어진 후 인력본부로 발령을 받은 상태라 큰 심적 갈등을 겪고 있었다. 게다가 외국 연수 중에 임의로 복귀했기 때문에 정직 2개월이라는 징계까지 받았다. 고심 끝에 퇴직을 결심하였고, 그해 9월 16일에 회사를 떠나게 되었다. 물론 다시 선택의 기회가 주어져도 비슷한 결정을 내리겠지만 그래도 아쉬움이 많이 남는 갈림길이었다. 게다가 회사를 퇴직한 후 찾아온 잇따른 사업 실패와 좌절을 생각해보면, 그때 가보지 못한 또 하나의 길에 대한 미련은 어쩔 수 없는 인지상정일 것이다. 그나마 노동조합위원장으로 일하는 동안 최선을 다했다고 자부하기 때문에 조금이나마 편안한 심정으로 그 시절을 추억할 수 있을 뿐이다.

우리는 흔히 '후회하지 말고 반성하라.'고 한다. 그러나 이 말은 절대적으로 잘못된 표현이라고 생각한다. 후회(後悔)는 '이전에 자신이 내린 결정이 잘못된 것이라고 느끼는 감정'이므로 후회가 없다면 반성도 있을 수 없기 때문이다. 다만 이 말이 '후회와 함께 생겨나는 불필요한 원망을 삼가라.'는 뜻이라는 점에서는 긍정적인 표현이라 생각한다.

증자는 "하루에 3번 반성해야 사람답게 살 수 있다."고 말하며 매일 3가지 반성을 실천하였다. 첫째, 남을 위해 일을 할 때 정성을 다했는가? 둘째, 친구를 사귐에 있어 신의를 다했는가? 셋째, 전수받은 가르침을 제대로 익혔는가?

맹자 또한 이렇게 말했다. "사람이 부끄러워하는 마음이 없는 것을 부끄러워하면 부끄러워할 일이 없다."

주자 역시 인생에서 가장 많이 후회하는 10가지 사항을 정리해 반성의 지침으로 남겨놓았다. 이처럼 후회와 반성을 통해 우리는 올바르고 참된 삶에 이를 수 있다.

나 역시 많은 후회를 한다. 죽을힘을 다해 치열하게 뛰어들지 않았던 순간들, 찰나의 즐거움을 좇아 아깝게 흘려보낸 시간들, 어리석은 판단과 조급했던 결정들, 격한 감정에 휘말려 다른 사람의 가슴에 상처준 일들……. 그리고 또 나는 후회한다. 지금까지 살아오며 아직 시도하지 못했던 것들……. 나는 연로하신 아버님을 따뜻하게 안아드리지 못했다. 나는 아내의 손을 잡고 진심어린 사과와 감사의 말을 들려주지 못했다. 나는 아들, 딸과 함께 밤을 지새우며 수다를 떨어보지 못했다. 나는 가난한 사람들을 돕고 살겠다는 뜻을 시도하지 못했다. 나는 돈보다 사람을 소중하게 여기겠다는 다짐을 실천하지 못했다. 나는 여행가의 꿈을 시도하지 못했다. 이밖에도 수없이 많은 일들을 후회한다.

그러나 나는 원망하지 않는다. 오히려 후회를 거듭할수록 고마운 일과 고마운 사람이 점점 더 많아진다. 내가 저지른 잘못과 실수를 후회할수록 겸손한 마음과 지혜가 솟아난다. 과거를 후회할수록 현재와 미래를 잘 살아야겠다는 굳은 결심을 하게 된다. 후회를 하면 할수록 앞으로는 후회 없는 인생을 살 수 있을 것이라는 자신감도 생겨난다. 그러니 후회란 참으로 감사한 일이다. 우리가 피해야 할 것은 후회 없는 인생이 아니라 후회하지 않는 인생이며, 우리는 후회를 통해서 더 많이 성장할 수 있다.

지금 열심히 후회하라. 더 많이 시도하지 못하고, 더 많이 후회하지 못하고, 더 많이 감사하지 못하는 것을 후회하라!
인생의 마지막 순간에는 한 일이 아니라 시도하지 않은 일 때문에 후회한다는 사실을 명심하고 지금 마음껏 후회하라!

나,
지금
떨고 있니?

1995년에 방영된 〈모래시계〉라는 드라마가 있었다. 전 국민의 폭발적인 인기를 얻으며 45.3퍼센트라는 경이로운 시청률을 자랑했는데, 아쉽게도 보지 못했다. 정치에 대한 혐오감으로 인해 10여 년 이상 TV와 신문을 거들떠보지 않던 시절이었기 때문이다. 다만, 식당에서 점심을 먹으며 우연히 보게 된 주인공 태수(최민수)의 말이 오래도록 기억에 남아 있다. 사형집행장에 들어선 정치폭력배 태수는 어린 시절의 친구이자 검사인 우석(박상원)에게 다음과 같이 말한다.

"나, 지금 떨고 있니?"

태수는 왜 자신이 떨고 있는지 물어봤을까? 배짱을 자랑하고 싶어서? 아니면 실제로 몹시 떨려서? 삶의 마지막 순간에 죽음은 과연 어떤 의미로 태수에게 다가왔을까? 이 장면을 본 후 한동안 삶과 죽음에 대한 상념에 잠기게 되었다. 나에게 죽음은 어떤 의미로 다가올 것인가? 혹시라도 후회와 두려움, 억울함에 떨고 있지는 않을까? 아니면 추억과 행복감에 젖어 평화롭게 세상과 작별할 수 있을 것인가? 이런 생각을 거듭할수록 '잘 살아야 한다.'는 마음이 더욱 강해졌다. 지금도 역시 마찬가지다. 아무런 후회나 부끄럼 없이, 일체의 떨림 없이 담담하게 죽음을 맞이하고 싶다. 편안하게 눈을 감으며 이렇게 말하고 싶다.

"나, 떨고 있지 않지?"

인생은 결국 모래시계다. 길고 짧음의 차이는 있겠지만 결국 시간은 모래알처럼 모두 빠져나가고 인생이란 시계는 멈추게 된다. 지금 이 순간에도 인생이란 시계의 모래알은 쉬지 않고 빠져나가고 있는 것이다. 그러니 우리는 매 순간 열심히 잘 살아야 한다. 그런데 어떻게 살아야 떨지 않고 죽음을 맞이할 수 있을까? 아마도 원하는 일을 마음껏 해보고 생을 마감한다면 여한이 없을지도 모르겠다. 그렇지만 하고 싶은 일을 모두 할 수 있는 존재는 신밖에 없다. 따라서 우리는 꿈과 목표를 모두 이루는 100점 만점보다는 100점을 받기 위해 도전하고 노력하는 삶에 더 큰 의미를 두어야 한다.

죽음을 앞둔 사람들에게 가장 후회되는 일을 질문해보면 대부분 다음과 같은 3가지를 가장 많이 이야기한다고 한다. 첫째는 더 많이 베풀지 못한 것, 둘째는 더 많이 참지 못한 것, 셋째는 더 많이 용서하지 못한 것이다. 잘 생각해보면 3가지 모두 사람에 관련된 일이다.

랠프 월도 에머슨은 "내가 태어났음으로 인해 단 한 사람의 인생이라도 행복해지는 것이 진정한 성공이다."라고 말했고, 에밀리 디킨슨은 "할딱거리고 있는 상처 입은 작은 새 한 마리를 자기의 둥지로 돌아가게 도와준다면 난 헛된 삶을 살지 않았다."고 말했다. 프랑스 가수 에디트 피아프는 "행복이건 불행이건 간에 모두 나와 상관없어요. 그것은 이미 잊어버렸어요. 난 아무것도 후회하지 않아요. 왜냐하면 나의 삶, 나의 기쁨이 오늘 그대와 함께 시작되거든요."라고 사랑을 찬미했다.

사랑하고 베푸는 일은 삶에서 누릴 수 있는 가장 큰 성공과 행복이며 후회나 떨림 없이 죽음을 맞을 수 있는 비결이다. 따라서 여한 없는 죽음을 맞이하고 싶다면 평소에 더 많은 사랑과 용서, 나눔을 베풀어야 한다. 혼자만의 행복을 추구하기보다는 가족과 친구, 직장동료, 그리고 다른 사람들과 함께 행복해지기 위해 노력해야 한다.

인생은 짧다. 오늘 죽어도 여한이 없으려면 더 많이 사랑하고, 더 많이 용서하고, 더 많이 베풀며 살아야 한다. 사실 죽음이 절대적으로 슬프거나 불행하기만 한 것인지는 알 수 없는 일이다. 소크라테스는 "이별의 시간이 왔다. 우린 각자의 길을 간다. 나는 죽고 너는 산다. 어느 것이 더 좋은지는 신만이 안다."고 말했다. 어쩌면 우리의 관념과 달리 죽음은 또 다른 시작이거나 축복일지도 모른다. 그러니 너무 두려움과 공포에 사로잡힐 필요는 없다. 단지, 새로운 막이 오르기 전에 지금까지 자신의 삶에 충실했는지 반성해볼 따름이다.

모래시계가 멈추기 전에 스스로에게 물어보라.

"나, 떨고 있니?"

옆에 있는 사람들에게도 물어보라.

"지금 행복한가요?"

더 많이 사랑하고 용서하고 베푸는 것, 그것이 참된 인생이며 떨지 않고 죽음을 맞는 길이다.

막막하거나,
먹먹하거든

나는 나의 참회의 글을 한 줄에 줄이자.

– 만 이십사 년 일 개월을

　무슨 기쁨을 바라 살아 왔든가.

내일이나 모레나 그 어느 즐거운 날에

나는 또 한 줄의 참회록을 써야 한다.

– 그때 그 젊은 나이에

　왜 그런 부끄런 고백을 했던가.

– 윤동주의 《참회록》 중에서

되돌아보면 내 나이 마흔이 되기 전에는 그야말로 막살았다. 20대는 철이 없어 막살았고, 30대는 자신감과 패기로 거침없이 막살았다. 하늘 아래 두려운 것이 아무것도 없었다.

그런데 40대가 되고 보니 세상은 막막하거나, 아니면 먹먹하다. 내 분야에서 일가(一家)를 이루지 못했고, 미래 역시 잿빛 안개 속에 가려 앞이 잘 보이질 않는다. 이따금 '무엇을 위해 살았나?' 라는 자문과 함께 '인생 헛살았다.' 는 자괴감이 가슴속을 휘젓고 다닌다. 그럴 때면 술을 마시거나, 쇼핑을 하거나, 어디론가 여행을 떠나본다. 그러나 그때뿐이다. 여전히 삶은 막막하고 먹먹하게만 느껴진다. 아마도 마흔아홉 살의 12월 31일까지, 40대의 삶은 계속 막막하거나 먹먹할 것 같다. 그리고 어쩌면 그것이 40대에 짊어져야 할 당연한 채무일지도 모른다. 20, 30대를 막살아온 데 대한……

20대 초반에는 마흔이라는 나이가 내게 영원히 찾아오지 않을 것처럼 생각되었다. 30대 후반에는 마흔이라는 나이를 맞는 것이 너무 억울해서 'azus39' 라는 메일 주소를 새롭게 만들었다. azus는 앙드레 지드의 《지상의 양식》에 나오는 아랍 소년의 이름인데 '그리운 님' 이란 뜻이다. 39는 서른아홉 살을 의미한다. 서른아홉 살의 12월에, 다시는 돌아오지 않을 30대를 기념하여 만든 아이디가 바로 azus39였던 것이다.

그때는 그랬다. 마흔이란 나이는 단순히 중년이라는 의미를 넘어 많은 것을 잃어야 하는 상실(喪失)의 연령으로 느껴졌다. 꿈과 열정, 사랑과 젊음, 가슴속에 끓어오르는 피마저 차갑게 식어버리는 엄동

(嚴冬)의 계절이 40대라는 나이에 대한 이미지였다. 30대의 마지막 해, 다시는 돌아올 수 없는 레테의 강을 건너는 기분으로 나는 마흔을 맞이하였다.

그럼에도 불구하고, 40대는 꽤 괜찮은 시기였다. 20대만큼의 격정은 아니지만 종종 가슴 뛰는 열정이 솟구쳤고, 30대만큼의 패기는 아니지만 겪었던 시련들을 통해 단련된 투지가 불타올랐다. 20대처럼 쉽게 희망에 사로잡히지는 않았지만, 쉽게 절망하지도 않았다. 과감하게 도전하지는 않았지만, 30대처럼 과감하게 포기하지도 않았다. 젊은 날의 결혼생활처럼 알록달록, 새콤달콤한 부부관계는 아니지만, 40대의 배우자는 오랜 세월 전장(戰場)을 함께 누빈 전우의 모습으로 변했다. 비싼 등록금 때문에 허리가 휘지만, 더 이상 아이들의 걸음마에 가슴 졸이지 않아도 되니 그 또한 다행이었다. 게다가 이따금씩 아이들로부터 하트가 그려진 문자를 받는 일은 무엇과도 바꿀 수 없는 기쁨이요, 행복이었다.

이밖에도 40대가 되어보니 좋은 점이 많았다. 나이가 먹어 뱃살은 두둑해졌지만, 그로 인해 산을 더욱 가까이하게 되었다. 노안(老眼)이 찾아와 가까운 곳의 글씨를 읽을 수 없지만, 세상과 인생을 관조할 수 있게 되었다. 다시는 군대에 가지 않아도 되었고, 집과 텔레비전과 자동차도 생겼다. 또한 40년의 세월은 여러 가지 인생의 교훈을 남겨주었다. '거울은 먼저 웃지 않는다.', '노력하지 않아도 그대로 굴러오는 것은 나이뿐이다.', '적당하게 일하고 좀 더 느긋하게 쉬어라. 현명한 사람은 느긋하게 인생을 보냄으로써 진정한 행복을 누리는 것이다.' 이러한 깨달음을 통해 나의 40대는 조금 더 느긋함과 여유를 가질 수 있었다.

물론 아직도 40대는 막막하거나, 먹먹하다. 살아온 날만큼이나 살아가야 할 날도 막막하고, 성공과 행복도 손에 잡힐 듯 잡히지 않는다. 깊은 밤 홀로 깨어 불면증에 시달릴 때 먹먹하고, '누구를 위해 무엇 때문에 살고 있을까?'라는 생각이 머릿속에 맴돌 때 먹먹하다. 부모님의 부쩍 늘어난 주름살을 볼 때마다, 40대는 막막하고 먹먹하다. 자신보다 머리 하나는 더 커진 아이들을 바라보며 부모 노릇을 제대로 못한다고 느낄 때, 40대의 삶은 더욱 막막하고 먹먹해진다. 어쩌면 이것은 40대가 거쳐가야 할 통과의례인지도 모른다. 덜 막막하고, 덜 먹먹한 50대 이후의 행복을 위해.

살다 보면 언젠가는 마흔이 시작되고, 또 언젠가는 40대의 끄트머리에 이를 날이 있을 것이다. 그때 우리는 어떤 내용의 참회록을 남겨야 할까? 이왕이면 나는 불혹의 참회록을 남기고 싶다. "40대의 10년을 무슨 기쁨을 바라고 살아왔던가."라는 후회의 탄식이 아니라 "그때 그 젊은 나이에 왜 그런 부끄러운 고백을 했던가."라는 관용(寬容)의 참회록을 남기고 싶다.

때로는 막막하고 때로는 먹먹하겠지만, 40대의 특권은 불혹이다. 햇볕이 비추면 햇볕을, 비가 내리면 비를, 바람이 불면 그냥 바람을 즐기면 된다.

'세상만사 모든 일이 뜻대로야 되겠소만 그런대로 한 세상 이러구러 살아가오.' 라는 송골매의 노래처럼 그런대로 이러구러 살아가면 충분한 일이다.

혹시라도 막막하고, 먹먹한 삶의 순간이 찾아오면 이렇게 말해보라.
"그래도 마흔은 꽤 괜찮은 나이야."

가슴 뛰는
삶을
살아라

무료한 일요일이다. 일주일간 쌓였던 피로를 씻어버린다는 미명하에 늦잠을 자고 일어나니 벌써 점심 무렵, 아마도 40대 직장인이라면 거의 비슷한 기상시간일 것이다. 거실로 나가 텔레비전을 켜니 휴대폰 광고가 흘러나온다. 상큼 발랄한 청춘남녀가 등장하는데 그들의 얼굴보다는 자막 내용이 눈길을 사로잡는다.

"당신은 살랑 부는 바람에도 까르르 웃던 소녀였습니다. 노을지는 하늘을 보면 시인이 되던 소년이었습니다. 하지만 언젠가부터 당신은 세상에 감동하지 않았습니다. 신경 쓸 것이 너무 많아져버렸으니까요. 그래서 우리는 선명해졌습니다. 이 세상이 얼마나 아름다운지, 매일 마주치는 진짜 세상의 소중함을 잊지 않길 바라며 우리는 선명해졌습니다."

맞다. 40대가 되니 감동하는 일이 점점 드물어진다. 젊었을 때는 산다는 것 자체가 감동이었는데 어찌된 일일까? 그때는 모든 것이 감동이었다. 눈이 부시게 푸르른 날에 감동하고, 쏟아져 내릴 것 같은 밤하늘의 별에 감동했다. 붉게 타오르던 진달래, 여름날의 짙푸른 바다, 가을의 벤치, 겨울 아침 어디론가 떠나간 눈발자국에 감동했다. 영화 〈고래사냥〉에 감동했고, 샌드페블즈의 노래 〈나 어떡해〉에 감동했다. 친구들 4명의 주머니를 털어서 산 소주 한 병에 감동했고, 이름 모를 여학생이 건네준 편지와 하얀 손수건에 감동했다. 어디 그뿐이랴! 두발과 교복자율화에 감동했으며, 〈손에 손잡고〉를 부르며 '88 서울올림픽'에 감동했고, 길거리에서 맡던 최루탄 가스와 동지애에 감동의 눈물을 흘렸다.

비가 오면 비 때문에, 눈이 오면 눈 때문에, 바람이 불면 바람 때문에 감동했다. 태양이 작열하면 알베르 까뮈의 《이방인》을 떠올리며 감동했다. 사랑 때문에, 우정 때문에, 그리고 사람과 사람 사이의 관계 때문에 감동했다. 때로는 그렇게 쉽게 감동할 수 있다는 사실에 감동하였다. 어쩌면 청춘이란 쉽게 감동할 수 있는 능력을 지닌 시기를 의미하는 단어일 것이다.

반면에 40대는 쉽게 감동하지 못하는 시기를 의미하는 단어인 것 같다. 슬픈 영화를 봐도, 애절한 노래를 들어도, 재벌 회장의 5천억

사재 출연을 접해도 쉽게 감동하지 않는다. 도대체 40대가 되기까지 무슨 일이 벌어진 것일까? 미국 스탠포드대학 윌리엄 프라이 박사의 조사에 의하면 6살 정도의 아이가 하루 평균 웃는 회수는 300번이라고 한다. 반면에 성인은 20분의 1에 불과한 15번 정도로 웃음이 줄어든다. 한국에서는 15번이 아니라 1.5번인지도 모르겠지만, 이나마도 감사한 일이다. 감동 또한 마찬가지다. 40대가 되면 감동은 1년에 한두 번 찾아오는 국경일과도 같다. 내 경험으로 보면 40대에 느끼는 감동에는 크게 2가지가 있다. 예상치 못했던 남편의 연말 보너스를 받을 때 생겨나는 아내의 감동과, 예상치 못했던 특별 용돈을 아내로부터 받을 때 생겨나는 남편의 감동, 이것이 전부다.

광고 카피에도 나오듯이 나이를 먹으니 직장, 사업, 실적, 승진, 회의, 카드 결제, 주가, 애경사, 자기 계발 등 신경 쓸 것이 너무 많아져 버렸다. 아침부터 밤까지 하루 24시간이 숨가쁘게 흘러간다. 그러고 보면 40대의 삶은 잠시의 일시정지도 허락하지 않는다. 오늘은 어제와 똑같은 반복이며, 내일 역시 오늘의 재생(再生)에 지나지 않는다. 40대는 장미꽃을 돌보지도 않고, 여우와 친구가 되기 위해 노력하지도 않고, 사막에 숨겨진 샘을 찾지도 않는다. 어린 왕자는 그저 신기한 동화 속 주인공일 뿐이다. 40대가 되어 바라보는 세상은 뿌옇게 흐리다.

그렇지만 감히 말하건대, 아직도 40대의 가슴은 뛴다. 비록 허리 치수는 늘어나고, 걸음은 팔(八)자로 걷지만 뜨거운 피가 끓어오른다.

이마는 갈수록 넓어지고 여기저기 흰머리가 솟아나지만 아직도 심장은 빠르게 요동친다. 눈에는 노안이 찾아오고, 무릎과 허리에는 통증이 찾아오지만 아직도 주먹을 불끈 쥐며 두 눈을 반짝거린다. 그것은 아직 못다 이룬 꿈, 죽기 전까지 반드시 이뤄야 할 꿈이 남아 있기 때문이다. 그리고 지금까지의 인생은 연습이요, 이제부터가 실전이라는 믿음이 있기 때문이다. 언젠가는 낯선 별로 여행을 떠날 것이라는 기대감, 내가 태어난 흔적을 세상에 남겨놓겠다는 열정, 사람들이 보내는 뜨거운 갈채에 대한 즐거운 상상, 모든 것을 이룬 후 만끽할 여유로운 휴식에 대한 설렘으로 가슴이 벅차오른다. 비록 예전처럼 몸은 젊지 않지만 미래를 향한 꿈은 아직 청춘이다.

그리스의 작가 니코스 카잔차키스(Nikos Kazantzakis)는 이렇게 말했다. "내 인생은 꿈과 여행으로 이뤄져 있다. 나는 아무것도 바라지 않으며, 아무것도 두려워하지 않는다. 나는 자유다." 그의 말처럼 나 또한 아무것도 두렵지 않다.

곰곰이 생각해보면 40대에 가슴이 뛰지 않는 이유는 두려움 때문이다. 실패와 좌절에 대한 불안감, 고통과 역경에 대한 공포 때문에 차가운 가슴이 만들어지는 것이다. 어쩔 수 없는 일 같지만, 달리 생각해보면 그 또한 어리석은 일이다. '항구에 정박해 있는 배는 안전하다. 그렇지만 배는 항구에 머물기 위해 만들어진 것은 아니다.'는 호주 속담이 있다. 배와 마찬가지로 인생의 목적도 도전과 모험이다. 우리는 항구에만 머물러 있지 말고 꿈과 미래를 향해 바다로 출항해야 한다. 거친 파도를 두려워하지 않고 넓은 바다를 헤쳐나갈 때, 우리의 삶은 감동과 설렘으로 가득할 것이다. 게다가 가슴 뛰는 삶은 성공과 행복의 비결이기도 하다.

현대그룹의 창업주 정주영 회장은 이렇게 말했다. "나는 젊었을 적부터 새벽에 일찍 일어난다. 왜 일찍 일어나느냐 하면 그날 할 일이 즐거워서 기대와 흥분으로 마음이 설레기 때문이다. 아침에 일어날 때의 기분은 소풍가는 날 아침, 가슴이 설레는 것과 꼭 같다."

이처럼 가슴 뛰는 삶을 살아야 성공과 행복을 얻을 확률이 높아진다. 미국의 사상가 헨리 데이비드 소로우는 "우리는 자명종 소리에 의해서가 아니라 새벽의 무한한 기대감으로 깨어나는 법을 익혀야 하고 또한 스스로 늘 깨어 있어야만 한다."고 말했다.

가슴 뛰는 삶을 살자. 두려움과 고정관념을 벗어버리고 꿈과 희망의 옷으로 갈아입어라. 지금 항구에서 벗어나 신대륙을 향해 힘차게 노를 저어보자.

뻔, 뻥, 펀

사람은 누구나 신나는 인생, 멋진 인생을 원한다. 지루한 인생, 뻔한 인생을 살고 싶은 사람은 아무도 없을 것이다. 며칠 전부터 아내와 중학교에 다니는 아들 사이에 냉전이 계속되고 있다. 무슨 까닭인지 확인해보니 높은 성적을 요구하는 아내와 자신의 실력으로는 불가능하다는 아들의 입씨름 때문이었다. 흔히 말하듯 행복은 성적순이 아닐 것이다. 그렇지만 아빠의 입장에서도 다소 걱정이 되어 점심을 먹는 아들과 대화를 시도해보았다.

"아들아, 뻔한 목표를 세우면 뻔한 인생을 살 뿐이란다. 뻔하지 않은 목표에 도전해야 새로운 세계가 열리는 거야."

아들은 고개를 숙인 채 밥을 먹으며 아무런 반응을 나타내지 않는다. 아무래도 안되겠다 싶어 다른 차원으로 접근을 시도했다.

"아빠에게도 꿈이 있단다. 평생 100권의 책을 쓰는 거야."

비로소 아들이 고개를 들고 내 얼굴을 바라보더니 허물 없는(?) 친근한 말투로 묻는다.

"뻥이죠?"

"진짜야. 지금까지 17권을 썼으니까 앞으로 83권 남았지? 1년에 5권씩 쓰면 17년이면 충분해. 70살까지 쓰면 충분하겠지?"

다시 고개를 숙인 아들은 묵묵히 밥을 먹기 시작한다. 나는 그 모습을 바라보며 사랑하는 아들이 '뻔'한 삶이 아니라 '펀(fun)'한 삶을 살아가길 진심으로 소망해보았다.

나 또한 마찬가지였다. 1984년, 삼수 생활 끝에 자포자기의 심정으로 군에 입대하였다. 국방부 시계는 거꾸로 세워도 간다는 말처럼 빠르게 시간이 흘러갔고 전역 후의 미래는 너무나 뻔한 모습으로 내게 다가왔다. 고민을 거듭하다가 마침내 대학 입시 공부를 시작했다. 밤에는 해안 경비를 서고, 수면을 취하는 낮 시간에 식당 구석에서 책을 보며 문제집을 풀었다. 부족한 잠은 틈틈이 쪽잠으로 해결하였다. 워낙 공부 시간이 부족해 합격에 대한 확신은 없었지만 그렇게라도 도전해야 한다는 굳은 결심이 있었다. 눈앞에 훤히 보이는 뻔한 인생은 살고 싶지 않기 때문이었다. 다행히 그해 나는 대학 시험에 합격하였고, 새로운 인생을 꿈꿀 수 있었다.

"To fail to plan is to plan to fail."이란 말이 있다. "계획을 세우지 않는 것은 실패를 계획하는 것과 같다."는 뜻이다. 인생의 성공은 올바른 계획에 달려 있으며, 그중에서도 목표를 글로 적는 것이 매우 중요하다. 미국 하버드대학에서 신입생들을 대상으로 목표에 대한 설문조사를 실시하였다. 그 결과 3퍼센트의 학생만이 글로 적은 목표를 갖고 있었으며, 10퍼센트의 학생은 목표는 있지만 글로 옮겨 적지는 않았다. 나머지 60퍼센트의 학생은 목표가 수시로 바뀌었고, 27퍼센트의 학생은 목표 자체가 없었다.

그로부터 25년 후, 하버드대학 연구팀은 실험에 참가했던 학생들의 사회적 지위와 경제력을 조사하였다. 그 결과 목표를 글로 적었던 3퍼센트의 학생들은 최고의 부를 누리며 살고 있었고, 목표는 있었지만 글로 적지 않았던 10퍼센트의 학생들은 중상위층의 삶을 살고 있었다. 목표가 수시로 바뀌었던 60퍼센트의 학생들은 근근이 생활을 유지하고 있었으며, 목표 자체가 없었던 27퍼센트의 학생들은 자선단체의 도움을 받으며 하루하루를 연명하고 있었다. 3퍼센트 학생들의 연봉을 합친 금액은 나머지 97퍼센트 학생들의 연봉을 합친 금액보다도 훨씬 많았다. 이렇게 구체적인 목표를 글로 적는 사소한 행동이 인생과 성공에 큰 차이를 불러올 수 있다.

그렇다면 꿈과 목표는 어떻게 정해야 할까? 2011년, 김난도 서울대 교수는 소비자 트렌드의 주요한 키워드로 'TWO RABBIT(두 토끼)'이라는 개념을 설명하였다. 두 마리 토끼는 모순을 의미하는데, 소비의 양면성이 시장을 주도할 것이란 뜻이다. 사람들은 개인적인 프라이버시를 보호받고 싶어하면서도 트위터나 페이스북 등을 통해 자신의 일상을 낱낱이 공개한다. 수백만 원을 호가하는 명품 가방을 사던 사람들이 유니클로와 같은 중저가 패스트패션에도 뜨거운 관심을 나타낸다. 이처럼 서로 상충되는 특성이 동시에 나타나는 현상이 바로 'TWO RABBIT(두 토끼)'이다. 꿈과 비전을 세울 때도 'TWO RABBIT(두 토끼)'가 필요하다. 로마의 황제 마르쿠스 아우렐리우스는 "꿈을 크게 가져라. 오직 큰 꿈만이 영혼을 감동시킬 수 있다."고 말했고, 《돈키호테》를 쓴 작가 세르반테스는 "이룰 수 없는 꿈을 꾸고, 이길 수 없는 적과 싸우고, 이룰 수 없는 사랑을 하고, 잡을 수 없는 저 별을 잡아라."고 말했다.

어떻게 보면 이룰 수 없는 꿈을 꾼다는 것은 두 마리 토끼를 잡으려고 애쓰는 것처럼 무모한 일이다. 그러나 꿈의 동산 디즈니랜드를 만든 월트 디즈니는 "꿈꿀 수 있다면 이룰 수도 있다."는 말을 남겼고, 생텍쥐페리는 "미래에 관한 한 우리의 할 일은 예견하는 것이 아니라 그것을 가능케 하는 것이다."라고 말했다. 라이트 형제가 하늘을 날고 싶다는 꿈에 도전할 때 사람들은 미쳤다고 말했다. KFC의 설립자 커넬 샌더스가 65세의 나이에 미국 전역을 떠돌아다닐 때, 그의 꿈이 이루어질 것이라 믿었던 사람은 아무도 없었다. 그러나 그들은 불가능한 꿈을 현실로 만들었다. 이처럼 우리에게 요구되는 것은 뻔한 목표, 뻔한 성공이 아니다. 그보다는 불가능해 보이는 꿈을 현실로 만들기 위해 치열하게 도전하는 삶의 자세다.

'태양을 향해 쏜 화살이 해바라기를 향해 쏜 화살보다 멀리 날아간다.'는 말처럼 보다 높은 꿈에 도전할 때, 더 큰 결실을 맺을 수 있기 때문이다.

나이를 먹으면 사람들은 두 부류로 나눠진다. 꿈을 꾸는 사람, 그리고 꿈을 잃어버리는 사람.

지금 불가능한 꿈을 꿔라, 그리고 잠꼬대를 하라. 다른 사람들이 들었을 때 말도 안 되는 소리, 꿈같은 소리를 하라. 모름지기 꿈을 이루려는 사람은 꿈같은 소리를 해야 한다. 그렇지 않고 뻔한 꿈을 꾸는 사람은 뻔한 인생을 살 뿐이다.

"인생에 있어서 커다란 기쁨은 너는 하지 못한다고 세상이 말하는 것을 하는 일이다."라는 영국 경제학자 월터 바조트의 말을 기억하고 펀(fun)한 미래를 향해 큰 목표를 세워보자.

그들은
마흔에
무엇을 했을까?

한 아버지가 취업을 못해 빈둥거리는 아들에게 점잖게 타이른다.

"네 나이 때, 빌 게이츠는 마이크로소프트를 차렸다더라."

아들이 무심한 표정으로 아버지에게 대꾸한다.

"아버지 나이 때, 링컨은 대통령이 되었다는데요?"

완벽한 아버지의 패배다. 더 이상 뭐라고 하겠는가? 그렇다면 아들의 일방적인 승리일까? 천만에! 아들도 언젠가는 똑같이 느낄 날이 있을 것이다. 자신은 옆으로 걷지만 자식에게는 똑바로 걸으라고 말하는 어미 게의 심정을 알게 될 것이다.

어려서는 "네 나이 때 누구는 어쨌다더라."라는 말이 듣기 싫었는데, 나이가 들어도 별 차이가 없다. 그도 그럴 것이 내 나이에 누구는 대통령이 되었고, 누구는 사장이 되었고, 누구는 유명한 교수가 되어 있으니 말이다. 그러고 보면 모든 불행의 근원은 비교다. 그것도 평범한 사람이 아니라 특별한 위치에 있는 사람들과 비교하면 불행의 무게가 가중된다. 가장 부자인 사람, 가장 잘 생긴 사람, 가장 몸매가 뛰어난 사람, 가장 실력이 뛰어난 사람과 비교한다면 세상의 어떤 사람도 행복해지기 어렵다.

그렇지만 여기서는 잠시 다른 사람들의 40대 모습을 살펴보기로 하자. 막연한 동경과 비교가 아니라 그들로부터 교훈과 지혜를 얻기 위해서다. 과연 역사적인 인물들은 어떻게 40대를 보냈을까?

첫째, 빛나는 40대.

1929년, 콘래드 힐튼은 그의 나이 42세 때 자신의 이름을 딴 호텔을 텍사스 주 최초의 체인 호텔로 성장시키며 성공가도를 달리고 있었다. 1961년, 44세의 존 F. 케네디는 미국 제35대 대통령에 당선되었다. 빌 클린턴과 버락 오바마는 47세에 당선되었다. 비교하지 말자. 왠지 씁쓸하게 느껴진다. 1970년, 워런 버핏은 그의 나이 40세 때 버크셔 해서웨이의 회장으로 경이로운 투자실적을 기록하며 백만장자의 꿈을 이루었다. 1997년, 350개의 계열사를 거느린 영국 버진 그룹 회장 리처드 브랜슨은 47세 때 엘리자베스 여왕으로부터 기사 작위를 수여받았다. 2000년, 하워드 슐츠는 그의 나이 47세 때, 스타벅스의 회장에서 물러나 여유로운 삶을 살기 시작했다. 이들의 40대는 태양이 가장 높은 정상의 위치에서 찬란하게 빛을 발하던 시기였다.

둘째, 빚 많은 40대.

반면에 어떤 이들의 40대는 빚과 어둠으로 가득했다. 1592년, 스페인이 낳은 위대한 작가 세르반테스는 45세에 대중의 인기를 얻지 못하고 빈곤에 허덕이며 네 번째로 감옥에 갇혔다. 1850년대, 링컨의 삶은 더욱 비참했다. 그의 40대는 하원의원 재선거 낙선(40세), 둘째 아들 에드워드 사망(42세), 상원의원 선거 낙선(47세), 부통령 후보 지명전 낙선(48세)이라는 어둠의 시기였다. 1935년, KFC의 창업자 커넬 샌더스는 그의 나이 45세 때 갖은 고생 끝에 번 돈으로 지은 레스토랑에 화재가 발생하는 불운을 겪었다. 이로 인해 생겨난 빚만 6만 달러에 이르렀다. 1942년, 맥도날드의 창업자 레이 크록은 35세에 시작한 사업이 45세 때 실패해 10만 달러 이상의 빚에 시달렸다. 1962년, 남아프리카공화국의 넬슨 만델라는 그의 나이 44세 때 정부군에 의해 반역죄로 체포돼 27년 6개월에 걸친 수감생활을 시작한다. 1994년, 브라질의 룰라는 1988년 선거(43세)에 이어 또다시 대통령 선거에 낙선한다. 이처럼 40대의 삶은 실패와 좌절로 얼룩지기도 한다.

셋째, 도전하는 40대.

한편, 40대가 되었을 때 새로운 승부에 도전한 사람들도 많이 찾아볼 수 있다. 그중의 몇몇은 40대의 나이에 인생의 변곡점을 만들었다. 1946년 일본의 혼다 소이치로는 그의 나이 40세 때 혼다기술연

구소를 설립하며 오토바이, 자동차 사업에 뛰어들었다. 1995년 마이크로소프트의 빌 게이츠는 40세 때 '윈도 95'를 출시하며 개인용 컴퓨터 시장을 장악하기 시작했다. 1996년, 스티브 잡스는 그의 나이 41세 때 자신을 쫓아낸 애플을 경영 위기에서 구하기 위해, 연봉 1달러를 받는 파격적인 조건으로 회장직에 복귀했다. 1971년, 허브 켈러허는 40세에 사우스웨스트 항공을 설립하고 저가항공 사업에 뛰어든다. 1988년, 유니클로의 창업주 야나이 다다시는 그의 나이 40세 때 지방의 무명브랜드에서 벗어나기 위해 도쿄(東京)의 중심가 하라주쿠(原宿)에 첫 번째 매장을 진출시킨다. 미국의 메리 케이 애시가 직장을 그만두고 화장품 방문판매 사업에 뛰어든 것도 그녀의 나이 47세 때의 일이다.

40대는 성공과 실패의 분수령이다. 앞에서 말한 사람들처럼 태양의 정점이 되기도 하며, 반대로 암흑의 절정이 되기도 한다. 우리가 어떻게 행동하고 실천하느냐에 따라 빛나는 40대가 될 수도 있고 반대로 빚만 가득한 40대가 될 수도 있다.

다시 10년의 세월이 흘러 50대의 나이가 되었을 때, 다음과 같이 말할 수 있도록 최선을 다해 살아보자.

"40대에 정말 치열하게 살았지. 꿈을 이루기 위해 온몸을 불살랐어."

인생(人生) 10계명

1. 인생은 짧다.

눈 자주 깜빡이지 마라. 인생은 금세 간다. 눈 똑바로 뜨고 부지런히 살아라.

2. 사람에 눈멀어라.

돈, 명예, 권력에 눈이 멀지 마라. 가장 소중한 것은 가족, 친구, 사람이다.

3. 뒤돌아보며 달려라.

빨리 간다고 상 주지 않는다. 앞만 보고 달리지 말고 때로는 뒤돌아보며 달려라.

4. 쉬운 결정도 신중하게 하라.

순간의 선택이 평생을 좌우한다. 작은 일도 신중하게 결정하라.

5. 성공이 가까우면 보험에 들어라.

인생은 호사다마(好事多魔)다. 잘 나갈수록 조심하고 위험에 대비하라.

6. 고민은 10분만 하라.

우리가 하는 고민의 96퍼센트는 쓸데없는 걱정이다. 고민은 10분만 하고 그냥 웃어라.

7. 때와 사람을 놓치지 마라.

구하기 어려운 것이 때와 사람이요, 놓치기 쉬운 것이 때와 사람이다. 잘 간직하라.

8. 생(生)의 첫날인 것처럼 살아라.

1초만 지나도 과거다. 새로 출발하는 사람처럼 꿈과 희망을 가져라.

9. 생(生)의 마지막 날인 것처럼 살아라.

오늘 할 수 있는 일을 내일로 미루지 마라. 인생에서 가장 소중하고 의미 있는 일을 오늘 하라.

10. 후회 없이 살아라.

한 번뿐인 인생, 후회 없이 살아라. 뜨겁게 따뜻하게, 쿨하게 살아라.

인생에 대한 명언

인생의 짜릿한 흥취란 새로운 일을 하는 데 있다. – 앤드류 매티스

인생이란 계획을 세우느라 분주한 동안 슬그머니 일어나는 일. – 존 레논

우리는 오래 살기 위해서가 아니라 옳게 살기 위해 노력해야 한다.
– 세네카

자기가 생전에는 결코 그 밑에서 쉴 수 없다는 사실을 잘 알면서도, 그늘을 드리워주는 나무를 심을 때 그 사람은 적어도 인생의 의미를 깨닫기 시작한 것이다. – 트루불라드

우리는 자명종 소리에 의해서가 아니라 새벽에의 무한한 기대감으로 깨어나는 법을 익혀야 하고 또한 스스로 늘 깨어 있어야만 한다.
– 헨리 데이비드 소로우

때론 흐린 날도 필요하다. 매일 맑은 날만 계속되녌 사믹이 된디.
– 인디언 속담

인생이란 더러 끔찍할 때도 있지만 그래도 매혹적이고 활기찬 경험이라는 것을 깨닫고, 나는 삶을 철저하게 누렸다. 한쪽 귀에는 탄식 소리가 들려오더라도 다른 쪽 귀에는 언제나 노랫소리가 들렸다. – 숀 오케이시

램프가 타고 있는 동안 인생을 즐겨라. 시들기 전에 장미를 꺾어라.
– 마르틴 우스테리

때때로 인생이란 커피 한 잔이 가져다주는 따스함에 관한 문제다.
– 리처드 브로티칸

인생에는 단 2가지 규칙만이 존재한다. 첫째, 절대로 포기하지 말 것. 둘째, 첫째 규칙을 절대 잊지 말 것. – 듀크 엘링턴

인생은 흘러가는 것이 아니라 채워지는 것이다. 우리는 하루하루를 흘려보낼 것이 아니라 내가 가진 무엇으로 채워가야 한다. – 러스킨

part 2

마지막
승부를
걸어라

이제
다시
시작이다

"미래를 신뢰하지 마라, 죽은 과거는 묻어버려라, 그리고 살아 있는 현재에 행동하라." – 롱펠로우

전 세계에서 4억 5,000만 부가 판매된 《해리 포터》의 저자 조앤 롤링, KFC의 창업주 커넬 샌더스, 세계 최고의 자동차 판매왕 조 지라드, 미국 16대 대통령 에이브러햄 링컨……. 이들의 공통점은 무엇일까? 이들은 모두 인생의 불운했던 순간에 자살의 유혹에 빠졌던 경험을 갖고 있다. 그렇지만 그들은 다시 도전했고, 결국 빛나는 성공을 이루었다. '사지 없는 인생(Life Without Limbs)'의 대표 닉 부이치치 또한 마찬가지였다. 그의 말을 직접 들어보자.

"나에게도 한없이 절망하던 때가 있었다. 세 번이나 자살을 시도했

고 항상 부정적인 생각에 사로잡혀 있었다. 어디를 둘러봐도 출구를 찾을 수 없었다. 그러나 결국 내가 어떻게 생겼는지는 중요하지 않다는 사실을 깨달았다. 한번은 강연에서 나처럼 팔과 다리가 없는 19개월 된 아이를 보았다. '희망의 증거를 보여달라.'고 매일 밤 기도했던 아이의 어머니는 나를 보자마자 끌어안고 울면서 말했다. '당신은 기적 그 자체예요.' 사람들은 나를 보고 희망을 얻는다고 말한다. 그렇지만 나 역시 그런 사람들을 보며 희망과 용기를 얻는다. 자신을 있는 그대로 사랑하라. 최고의 장애는 우리 안에 있는 두려움이다. 희망은 바로 우리 뒤에 있지만 우리가 돌아보지 않기 때문에 찾지 못할 뿐이다."

닉 부이치치는 절망과 부정에서 벗어나 새로운 인생을 시작했다. 그는 스스로 희망의 전도사가 되었고 전 세계 30여 나라를 순회하며 300만 명이 넘는 사람들에게 용기와 감동을 선물했다. 지난 2010년에는 한국을 방문한 적도 있는데, 그의 삶을 다룬 〈No Arms, No Legs, No Worries!〉는 세계적인 베스트셀러가 되었다.

미국 폴 스톨츠(Paul G. Stoltz)는 100여 곳의 회사와 10만 명의 사람들을 대상으로 일련의 조사를 실시하였다. 그리곤 성공한 사람들은 보통 사람보다 역경지수(AQ, Adversity Quotient)가 높다는 결론을 발표하였다. 역경지수는 실패와 좌절에 굴복하지 않고, 목표를 이루기 위해 끝까지 도전하는 능력을 뜻한다. 닉 부이치치, 조앤 롤링, 커넬 샌더스 등은 역경지수가 높았던 사람이라 생각할 수 있다.

그렇지만 유명인 중에서도 자살이라는 극단적인 방법으로 자신의 삶에 종지부를 찍은 사람들을 많이 찾아볼 수 있다. 불멸의 화가 빈센트 반 고흐, 맨발의 댄서 이사도라 던컨, 노벨문학상을 수상한 어니스트 헤밍웨이, 영화배우 장국영이 모두 자살로 생을 마감했다.

세계보건기구의 조사에 의하면 사람들이 자살하는 동기는 989가지, 자살 방법은 83가지에 이른다고 한다. 자살 동기나 방법에 상관없이 자살하는 사람들은 모두 한 가지 공통점을 가지고 있다. 그들은 자신의 현실을 절망적으로 받아들였고, 미래를 비관적으로 바라보았다는 점이다. 나 또한 마찬가지였다. 부끄러운 일이지만 나 역시 20대 초반에 3번이나 자살을 시도하였다. 가난과 불화로 얼룩졌던 가정환경, 이로 인해 머릿속을 가득 메운 극단적인 염세주의가 가장 큰 원인이었다. 천명이 남아 있었기 때문인지 나의 시도는 실패로 돌아갔다. 그때 이후, 나는 더 이상 자살을 꿈꾸지 않았고 열심히, 그리고 매우 긍정적으로 살아왔다. 그러고 보니 인생에선 성공보다 실패가 더 유익한 결과를 낳는 경우도 있는 모양이다.

인터넷에서 나는 '푸른고래' 라는 닉네임을 사용한다. 푸른고래는 흰수염고래, 또는 대왕고래의 영문 학명인 'Bluewhale'를 임의로 직역한 것이다. 흰수염고래는 지구상 가장 큰 동물인데 길이 33.5미터, 몸무게 190톤에 이르는 놈이 발견된 적도 있다. 예전에 나는 인생과 세상을 바꾸려면 꿈과 힘이 필요하다고 믿었는데 Blue는 꿈, Whale는 힘을 의미한다고 생각했다. 꿈과 힘을 찾아서 지금도 나는 세상을 헤엄치고 있다. 그리고 나는 믿는다. 삶은 향기로운 꽃밭도 아니지만 그렇다고 가시밭길도 아니라는 사실을……

인생이란 집에는 행운이라는 손님이 찾아올 수 있고, 불운이라는 불청객도 방문할 수 있다. 맑은 날이 있으면 흐린 날이 있고, 여름이 있으면 겨울도 있다. 인생을 비극이라 단정짓는 것은 내가 비극적으로 인생을 바라본다는 사실에 불과하다. 인생은 그저 백지상태의 극본(劇本)이며 내가 무슨 내용을 쓰느냐에 따라 희극이 될 수도 있고, 비극이 될 수도 있다. 절망과 비관의 대사를 적는다면 새드 스토리(sad story)가, 희망과 낙관의 대사를 적는다면 해피엔딩 스토리(happy ending story)가 될 것이다.

올림픽 최초로 마라톤 2연패를 달성한 아베베 비킬라. 그는 교통사고로 하반신이 마비됐지만 장애인올림픽에 출전해 양궁과 탁구에서 금메달을 획득했다. 세계 최고의 사이클 영웅 랜스 암스트롱. 그는 고환암 말기라는 병마와의 싸움을 이겨내고 자신의 삶을 승리로 이끌었다. 맥도날드의 창업주 레이 크록은 52세가 될 때까지 거듭된 사업 실패에도 포기하지 않았고, 마침내 프랜차이즈 사업에 성공하며 해피엔딩을 이루었다. 이들은 모두 자신에게 닥친 고난과 실패에 굴하지 않고 다시 일어서 미래를 향해 힘차게 달려갔다.

이처럼 우리의 인생은 각본 없는 최고의 드라마다. 우리는 충분히 해피엔딩 스토리를 쓸 수 있으며, 또 그렇게 만들기 위해 혼신의 힘을 기울여야 한다.

지금까지 살아온 인생이 비극이던, 희극이던 모두 잊어라! 미래는 과거와 무관하며 오직 우리의 의지와 노력에 의해 결정될 뿐이다.

우리가 인생이란 극본에 어떤 내용을 적느냐에 따라 미래가 달라진다. "인생의 실패는 넘어지는 것이 아니라 넘어진 자리에 머무는 것이다."는 미국 영화배우 메리 픽포드의 말을 꼭 명심하고 지금 다시 시작해보자.

황금과 소금보다 중요한 것, 그것은 지금이다.

마지막
승부를
걸어라

"나에게는 비장의 카드가 남아 있다. 그것은 희망이다." - 나폴레옹

스포츠의 세계는 종종 각본 없는 드라마를 연출한다. 야구 경기는 9회 말, 투 아웃, 투 스트라이크 이후부터가 진짜 승부라고 한다. 이처럼 쉽게 결과를 단정하기 어려운 것이 스포츠의 묘미다. 4전 5기의 신화를 만든 홍수환 선수의 권투 경기, 우리나라의 2002년 월드컵 4강 진출 역시 아무도 예상하지 못했던 극적 반전이었다. 그런데 만약 40대를 운동 경기와 비교하면 어떻게 될까? 수명을 80세라 가정하면 후반전, 100세라 가정하면 전반전에 해당될 것이다. 또는 90세까지라고 생각하면 하프 타임쯤으로 생각할 수도 있을 것이다. 나는 40대를 후반전이라 믿는다. 그것도 3:1쯤으로 지고 있는, 후반전 이 5분

경과된 시각이다.

실제로 내가 보낸 40대가 그랬다. 40대가 되면서 인터넷 사업에 실패했고, 지방선거에 출마해 장렬하게 전사했으며, 부동산 지주회사를 설립해 쪽박을 차고 말았다. 나의 40대에 유일하게 얻은 1점은 강사와 작가로서의 성취였다. 이제 내 인생의 후반전은 40분도 채 남지 않았고, 나는 마지막 승부를 위해 전력질주하고 있다. 혹시 당신의 인생은 몇 대 몇의 승부를 기록 중인가?

우리는 모두 인생이라는 경기에서 승리자가 되길 원한다. 패배자가 되기를 바라는 사람은 아무도 없을 것이다. 그렇다면 운동 경기와 마찬가지로 인생에서의 승리를 위해 자신이 가진 전부를 걸고 힘껏 뛰어야 한다. 때로는 방황하는 날도, 눈물을 흘리는 날도 있겠지만 언제나 새로운 시작이라는 마음으로 신발 끈을 단단히 동여매야 한다. 경기 종료의 마지막 휘슬이 울리기 전까지 우리는 승리하기 위해 최선을 다해야 한다. 특히 인생의 후반전에 접어든 40대라면 더 말할 나위도 없다. 3:1이라는 스코어를 뒤집기 위해서 더욱 많은 땀과 노력을 쏟아붓고 노력해야 한다. 게다가 운동 경기와 달리 인생에 연습이란 없으며 모든 순간 순간이 실전이요, 승부다.

일본 소프트뱅크 손정의 회장은 19세 때 다음과 같은 계획을 세웠다. '20대에 명성을 얻는다. 30대에 최소한 1천억 원의 자금을 마련한다. 40대에 사업에 승부를 건다. 50대에 사업을 완성한다. 60대에 다음 세대에게 사업을 물려준다.' 40대를 인생에서 마지막 승부를 걸어야 하는 나이로 생각한 것이다.

미국의 여성 CEO 메리 케이 애시 또한 마찬가지였다. 그녀는 7살 때부터 직장에 다니는 어머니 대신 결핵에 걸린 아버지를 돌보며 집안 살림을 도맡아 했고, 의사가 되겠다는 꿈을 가졌지만 집안 사정으로 대학 진학을 포기해야만 했다. 고등학교를 졸업한 후 결혼을 하지만 남편의 외도로 이혼에 이른다. 그녀의 두 번째 남편은 메리 케이가 사업을 시작한 지 한 달이 지나지 않았을 때 심장마비로 사망한다. 그야말로 모든 것이 절망스러운 상황이었다. 그녀가 창업을 상담하기 위해 찾아간 변호사는 이렇게 말하며 비웃었다.

"메리 케이 씨, 전 재산을 들여서 낭비할 거라면 차라리 쓰레기통에 버리는 것이 낫지 않을까요?"

그렇지만 메리 케이는 포기하지 않았다. 1965년, 그녀는 47세 나이에 5천 달러의 자본금으로 화장품 판매회사를 설립하였다. 그리곤 하루 16시간 이상씩을 악착같이 일하며 실패와 역경을 헤쳐나갔고, 마침내 백만장자의 꿈을 이루었다. 1978년, 그녀는 '불운을 딛고 성공한 뛰어난 미국인상'을 수상하였으며 '메리 케이 코즈메틱(Mary Kay Cosmetics)'은 세계 3대 화장품 직판 회사, 매출액 10억 달러, 37개국에 200만 명의 뷰티컨설턴트들이 활동하는 글로벌 화장품 기업으로 성장하였다.

인생은 운동 경기와 같다. 상대는 운명의 여신일 수도 있고 나의 재능이나 능력, 또는 나를 둘러싼 환경이나 조건일 수도 있다. 그 무엇이 됐던 내가 싸워서 이겨야 할 대상임에는 틀림없다. 그리고 지금까지의 점수나 전적은 중요하지 않다. 3:1로 이기고 있던, 또는 3:1로 지고 있던 그것은 이미 지나간 과거일 뿐이다. 화려했던 승리나 처참했던 패배는 모두 잊어버리고 앞으로 다가올 마지막 승부를 준비해야 한다. 나이가 많다고 주눅들 필요도 없다. 말콤 글래드웰의 《아웃라이어》에 나와 있듯이, 1만 시간의 노력이면 누구나 탁월한 역량을 지닐 수 있다. 하루에 5시간씩, 5년의 노력을 기울이면 충분하다는 뜻이 된다. 무엇보다 중요한 것은 꿈을 포기하지 않는 것, 자신이 가진 전부를 거는 일이다.

토마스 아켐피스는 이렇게 말했다. "지금이야말로 일할 때다. 지금이야말로 싸울 때다. 지금이야말로 나를 더 훌륭한 사람으로 만들 때다. 오늘 그것을 하지 못하면 내일 그것을 할 수 있는가?"

이제 또다시 승부를 걸어보자. 사화산(死火山)이 아니라 활화산(活火山)같은 삶을 살기 위해 다시 한 번 최후의 열정을 분출해보자.

성공이란
무엇인가?

"사람으로 태어나서 누구는 고급 승용차를 타고 다니는데, 누구는 깡통을 차고 다닌단 말인가? 반드시 성공적인 인생을 살리라!"

미국의 전설적인 보험왕 폴 마이어(Paul J. Meyer)의 말이다. 그는 보험 세일즈를 시작한 지 2년 만에 400만 달러의 계약고를 기록했으며, 하루에 최대 150만 달러의 계약을 체결하기도 했다. 그리곤 27세 나이에 최연소 백만장자로 기네스북에 이름을 올렸다. 그렇지만 그도 한때는 패배자에 불과했다. 자신의 앞으로 지나가는 고급 승용차를 바라보며 분노의 목소리로 성공을 다짐하던 거리의 노숙자였다.

어쩌면 여러분도 이와 비슷한 말을 외쳤던 적이 있을 것이다. 틀림없이 지금 이 순간에도 성공에 대한 뜨거운 열망으로 소리치는 사람이 있을 것이다. 나 역시 마찬가지였다. 2004년 12월, 나를 둘러싼 세상은 암흑으로 가득했다. 너무 깜깜해서 한 치 앞도 보이지 않았다. 당장 먹고 살아갈 길조차 막막했다. 며칠 동안 밤잠을 이루지 못하며 나는 묻고 또 물었다. '도대체 너는 왜 낙오자의 삶을 살고 있는 것인가?' 그로부터 7년이란 시간이 지났지만 두 번 다시 되풀이하고 싶지 않은 순간이었다. 그리고 보면 세상은 정말 공평하지 않다. 똑같은 사람으로 태어났지만 누구는 부귀영화를 누리고, 누구는 가난 속에서 허덕이며 살아간다. 최근 '월가를 점령하라.'는 집단적인 움직임에서도 알 수 있듯이 1퍼센트와 99퍼센트가 극명하게 대조되는 삶을 살아가는 것이 우리의 현실이다. 과연 어떻게 해야 성공적인 인생을 살 수 있는 것일까?

그렇지만, 지금은 잠시 성공의 비결에 대한 이야기는 접어두기로 하자. 그보다는 성공이 무엇인지에 대해 생각해보자. 왜냐하면 내가 여기서 말하고 싶은 것은 인생에서 가치 있는 성공, 진정한 행복을 얻기 위한 방법이기 때문이다. 물론 물질적 성공을 배제한다는 뜻은 아니다. 경제적, 직업적 성공은 인생에서 이뤄야 할 가장 중요한 목표 중의 하나임에 틀림없다. 그렇지만 그 이전에 우리는 성공에 대한 이정표를 명확하게 설정해야 한다. 올바른 지도와 나침반이 없으면 우리가 바라는 최종 목적지에 도착할 수 없기 때문이다. 과연 성공이란 무엇일까?

사전에서는 성공(成功)에 대해 3가지로 설명한다. ① 뜻한 것이 이루어짐. ② 목적을 이룸. ③ 사회적 지위를 얻음. 즉, 가치중립적이며 완료된 상태로 성공을 설명하고 있다. 반면에 폴 마이어는 성공을 '미리 설정한 가치 있는 목표를 점진적으로 실현해가는 과정'으로 정의하였다. 즉, 도덕적이며 현재진행형으로서의 성공을 주장하는 것이다. 나는 전적으로 폴 마이어의 견해에 동의한다. 만약 성공을 특정한 목표에 도달한 상태로만 해석한다면, 우리 인생의 대부분은 실패한 순간들로 규정될 수밖에 없다. 실제로 대부분의 사람들은 자신이 이룬 것에 대한 만족과 자부심보다는 아직 이루지 못한 것들에 대한 콤플렉스와 욕구불만으로 불행하게 살아간다. 이는 매우 안타깝고 어리석은 일이다.

《멀티형 인간》을 쓴 베스 사위는 이렇게 말했다. "당신이 추구하는 걸 얻는 건 성공이다. 그러나 당신이 뭔가를 추구하면서 좋아한다면 그건 행복이다." 성공을 통해 얻으려는 궁극적인 목표가 행복이라면 이제는 성공에 대해서도 다른 관점에서 바라볼 필요가 있다. "나는 날마다 모든 면에서 점점 더 좋아지고 있다."는 프랑스 심리학자 에밀 쿠에의 말처럼 '나는 날마다 성공하고 있다.'는 마음가짐이 성공과 행복을 위해 훨씬 바람직한 일일 것이다. 성공은 결과가 아니라 과정이며, 그 과정을 소중하게 여기는 것이 진정한 성공, 그리고 행복의 비결이라 생각해야 한다. 이외에도 책과 인터넷, 각종 자료를 찾아보면 성공에 대한 다양한 견해를 살펴볼 수 있다. 그중에서도 내가 좋아하는 정의는 다음과 같은 것이다.

'자주 웃는 것. 현명한 이에게 존경을 받고 아이들에게 사랑을 받는 것. 정직한 비평가의 찬사를 듣고 친구의 배반을 참아내는 것. 아름다움을 식별할 줄 알며 다른 사람에게서 최선의 것을 발견하는 것. 건강한 아이를 낳든, 한 뙈기의 정원을 가꾸든, 사회 환경을 개선하든, 자기가 태어나기 전보다 세상을 조금이라도 더 살기 좋은 곳으로 만들어놓고 떠나는 것. 자신이 한때 이곳에 살았음으로 해서 단 한 사람의 인생이라도 더 행복해지는 것, 이것이 진정한 성공이다.'

　미국의 위대한 시인이자 사상가인 랠프 월도 에머슨의 말이다. 그는 평생 200권의 책을 저술하며 미국 문학 발전에 지대한 영향을 끼쳤고, '자기신뢰', '민권' 등의 개념을 제시하여 미국 사상사연구에 빼놓을 수 없는 인물로 평가받고 있다. 링컨은 그를 '미국의 아들'이라고 칭송하였고, 오바마 대통령은 에머슨의 《자기신뢰》가 성경 다음으로 자신에게 가장 큰 힘이 된 책이라고 밝혔다. "단 한 사람의 인생이라도 행복하게 만드는 것이 진정한 성공"이라는 에머슨의 말은 물질적인 성공에만 치우치지 말고 정신적인 성공에도 균형감각을 지녀야 한다는 점을 깨우쳐준다.

　"성공이란 나이가 들수록 가족과 주변 사람들이 점점 더 나를 좋아하는 것!"

　미국 경영 컨설턴트 짐 콜린스의 말인데, 이 역시 내가 좋아하는 성공의 정의다. 강의를 나갈 때면 대부분 이 문장을 소개하는 것으로 교육을 마친다. 짐 콜린스는 세계적인 베스트셀러 《좋은 기업을 넘어

위대한 기업으로》의 저자로, 이 책은 미국에서만 100만 부 이상 팔리며 그를 세계적인 경영구루 반열에 올려놓았다. 현재 그는 하루 강의료로 5만 달러 이상을 받는 유명세를 얻고 있다. 짐 콜린스가 말한 성공의 정의는 인간관계의 소중함, 그리고 일상생활에서의 소소한 성공에 대한 중요성을 일깨워준다.

이외에도 성공에 대한 다양한 정의가 있다. 40년 동안 한 번도 형사소송에서 패소하지 않고 승리한 것으로 유명한 미국 변호사 게리 스펜서는 "자유롭게 피어나기. 이것이 내가 내린 성공의 정의다."라고 말했다. 미국 작가 데이비드 맥컬로프는 "진정한 성공은 자신이 좋아하는 일에서 평생의 일을 찾는 것이다."라고 말했고, 브라이언 트레이시는 "성공이란 당신이 가장 즐기는 일을, 당신이 감탄하고 존경하는 사람들 속에서, 당신이 원하는 방식으로 행하는 것이다."라고 말했다.

수없이 많은 성공 비결처럼 성공에 대한 정의 또한 무수히 많은 것은 당연한 일일 것이다. '4살의 성공은 바지에 오줌을 싸지 않는 것이며, 80살의 성공 역시 바지에 오줌을 싸지 않는 것이다.'라는 농담도 있듯이 결국 성공의 기준은 사람과 나이에 따라, 그리고 상황에 따라 모두 달라질 수밖에 없다는 사실을 우리는 인정해야 한다.

자, 남들은 그렇다 치고 정작 중요한 것은 내 생각이 아니겠는가! 우리도 한 번 성공에 대한 자신만의 정의를 만들어보자. 단지 돈과 권력, 또는 명예만을 얻는 것이 진정한 성공이 될 수 있는지 고민해보자.

에머슨의 "당신의 인생은 당신이 하루 종일 무슨 생각을 하는지에 달려 있다."는 말처럼 지금 우리가 어떤 성공을 생각하느냐에 따라 우리의 남은 인생이 달라질 것이기 때문이다.

잠시 하던 일을 모두 멈추고, 자신이 이루고자 하는 성공에 대해 정의해보라. 어쩌면 '성공에 대해 자신만의 철학을 갖게 되는 것'이 또 다른 의미에서의 성공이라 말해도 무방하지 않을까?

여러분의 성공을 기원한다.

나만의
성공 방정식을
작성하라

천재적인 과학자 아인슈타인이 강연을 하고 있었다. 상대성 원리에 대해 열심히 설명하는데, 갑자기 한 학생이 손을 들어 질문했다.

"선생님, 저희 같은 젊은이들이 알아야 할 인생의 성공 방정식도 있을까요?"

"물론이지, S=X+Y+Z로 표현할 수 있다네. S는 성공, X는 일, Y는 재미, Z는 침묵이라네. 열심히 노력하고, 삶을 즐기며, 때로는 입을 다물 줄 아는 것이 성공의 비결이라네."

맞는 말일까? 그렇다.

틀린 말일까? 그렇다.

아인슈타인의 성공 방정식은 어디까지나 상대적일 뿐이다. 상대성 원리에 의하면 아름다운 여성과 함께 있는 1시간은 1초처럼 지나가지만 치과의사의 치료를 받는 1초는 1시간처럼 느껴진다. 성공 또한 마찬가지다. 좋은 환경, 천부적인 지능과 재능, 게다가 행운까지 따라주는 사람의 성공은 1초면 가능할 것이다. 반면에 불우한 환경, 낮은 지능과 재능, 게다가 불운까지 찾아오는 사람의 성공은 10년이 걸려도 장담하기 어렵다. 물론 과장법이다. 그렇지만 성공에 필요한 능력과 조건은 사람에 따라 상대적이라는 사실에는 변함이 없다.

어떤 사람의 성공에는 상상력이 필요하지만, 어떤 사람의 성공에는 영업력이 보다 절실하다. 어떤 사람에게는 조직관리 능력이 필요하지만, 어떤 사람에게는 자금력이 중요하다. 어떤 사람에게는 체력이, 어떤 사람에게는 뜨거운 열정이 성공의 관건으로 작용된다. 이처럼 인생의 성공 방정식이야말로 제2의 상대성 원리라고 이야기할 수 있다. 동서고금의 역사를 살펴봐도 마찬가지다. 수많은 학자, 대학, 연구기관들이 서로 다른 성공 방정식을 주장하고 있다.

- 성공의 비결은 목적이 변하지 않는 데 있다. - 벤자민 디즈레일리
- 작은 일도 목표를 세워라. 그러면 반드시 성공할 것이다. - 로버트 H. 슐러
- 자신이 하는 일에 대해 헌신하고 열정적으로 한다면 누구나 자신이 처한 환경을 뛰어넘어 성공을 이룰 수 있다.- 넬슨 만델라
- 사람의 일생은 돈과 시간을 쓰는 방법에 의하여 결정된다. 이 두

가지를 잘못 사용해서는 결코 성공할 수 없다. - 다케우치 히토시

미국 카네기멜론대학에서는 성공의 85퍼센트가 인간관계에 의해 결정된다고 발표했다. 보스턴대학에서는 다른 사람들과 어울리는 능력, 좌절을 대하는 태도, 자기조절 능력을 성공의 3가지 비결로 제시하였다. 토머스 에디슨은 "자기신뢰가 성공의 첫 번째 비결이다."라고 말했다. 틀린 말일까? 아니다, 옳은 말이다. 왜냐하면 그들은 분명 성공을 거둔 사람들이니 그들이 주장하는 성공 방정식은 충분히 존중받을 만한 가치가 있을 것이다. 다만, 상대적이라는 것이 문제일 뿐이다.

인생에서 절대적이고 완벽한 성공 방정식을 찾기는 어렵지만, 분명한 것은 나만의 성공 방정식이 있어야 한다. 자신만의 성공 방정식이 없다면 성공은 오로지 운에 의존될 것이며, 성공의 확률은 매우 낮아질 것이다. 성공을 원한다면 "나는 성공의 비결을 ○○이라 생각한다. 따라서 나는 ○○을 갖추기 위해 노력하고, ○○을 통해 성공할 것이다."라고 말할 수 있어야 한다.

나 또한 마찬가지다. 지금까지 숱한 실패를 겪는 동안 끊임없이 성공의 비결에 대해 다음과 같은 질문을 던졌다.

"꿈이 없었나?"
"열정이 없었나?"
"열심히 노력을 안 했나?"

"머리가 나쁜 것인가?"

그 결과, 나는 S=A+I+H라는 방정식을 만들었다. S는 성공(Success), A는 열망(Aspiration), I는 혁신(Innovation), H는 희망(Hope)이다. 성공하려면 먼저 성공을 열망하고, 스스로를 지속적으로 혁신시키며, 항상 희망을 잃지 말아야 한다. 이것을 성공의 3가지 원칙으로 정리하면 다음과 같다.

첫째, 성공을 열망하라.
둘째, 남과 다르게, 어제와 다르게 하라.
셋째, 희망의 길을 왕래하라.

물론 이것은 나만의 성공 방정식이다. 이밖에도 많은 요소들이 성공에 영향을 줄 것이다. 그렇지만 그중의 대부분은 필요조건에 불과하다. 즉, 성공을 위해 당연히 갖춰야 할 기본적인 조건들이라 생각해야 한다. 그리고 유일하고 충분한 성공 방정식은 '열망+혁신+희망'이라고 믿어야 한다. 앞으로 그 이유를 한 가지씩 차례로 설명할 것이다.

성공을 원한다면 자신만의 성공 방정식을 작성하라. 어떻게 성공해야 하는지 모른다면, 도대체 어떻게 성공을 손안에 넣을 수 있겠는가? 지금 바로 종이를 꺼내들고 자신만의 성공 방정식을 만들어보라.

성공의 비결은
성공을
열망하는 것

"1962년 크리스마스는 나에게 가장 잔인한 달이었다. 일도 없고 먹을 것도 없는, 6만 달러의 빚만 지고 있는 비참한 가장이었다. 오랫동안 실의에 빠져 있던 나는 무엇을 어떻게 해야 하는지조차 생각하지 못하고 오직 빚쟁이들을 피해다니는 생활을 하고 있었다. 어느 날 집에 들어와보니 아내와 아이들이 밥을 굶고 있었다. 창백한 얼굴로 나를 쳐다보던 그들, 불이 꺼진 컴컴한 방안에서 그들을 보는 순간, 이렇게 살아서는 안 되겠다고 생각했다."

조 지라드가 쓴 《최고의 하루》에 나오는 이야기다. 평생 13,001대의 자동차를 판매하며 12년 동안 세계 최고의 자동차 판매왕으로 기네스북에 오른 사람의 실제 일화인 것이다. 여러분은 그의 심정에 공감할 수 있는가? 불행(?)하게도 나는 충분히, 그리고 너무나 완벽하게 그의 마음을 이해한다. 나 또한 이런 잔인한 현실에 처했던 적이 있었기 때문이다. 그런데 이렇게 비참한 삶을 살던 조 지라드가 어떻게 성공한 사람으로 거듭날 수 있었던 걸까? 성공의 비결에 대해 어떤 사람은 꿈을, 어떤 학자는 목표를, 어떤 대학에서는 인간관계를 강조한다. 어떤 연구기관에서는 반복적인 훈련을 성공의 핵심 요소로 설명하기도 한다. 여러분은 무엇을 성공의 비결이라 생각하는가?

1921년, 미국 스탠포드대학의 루이스 터먼 교수와 연구팀은 일련의 조사에 착수하였다. 먼저 캘리포니아 지역의 초등학생과 중학생 25만 명에게 3번에 걸쳐 시험을 치르게 하였다. 그리곤 지능지수가 140에서 200에 해당되는 1,470명의 학생을 선발하였다. 그로부터 50년 동안, 터먼 교수와 연구팀은 1,470명이 나타내는 교육성과, 직업 변화, 승진 등에 관한 일체의 정보를 빠짐없이 기록하였다. 연구팀은 천재 집단이 평균적인 지능을 가진 학생들에 비해 월등한 성공을 거둘 것이라 확신했다.

그러나 실제 결과는 연구팀의 기대와 일치하지 않았다. 천재적인 집단에 속했던 학생의 대다수는 평범한 직업에 종사했으며 배관공, 청소부와 같은 직업을 가진 사람도 많았다. 이들이 성취한 것은 일반 집단과 차이가 없었고 특별히 뛰어나지도 않았다. 오히려 1,470명에 포함되지 않았던 학생들 중에서 노벨상을 수상한 사람이 두 명이나 나왔다. 반세기에 걸친 연구 끝에 연구팀은 다음과 같은 결론을 내렸다. '성공과 실패를 결정하는 주된 요소는 지능이 아니다. 성공에는 의지력, 인내심, 조심성, 그리고 무엇보다 성공에 대한 강한 욕구가 필요하다.'

성공과 실패에는 수없이 많은 변수들이 복잡하게 작용할 것이다. 그렇지만 나는 성공에 대한 열망이 성공의 첫 번째 비결이라는 스탠포드대학의 조사결과를 확신한다. 앞에서 소개한 세계 최고의 자동차 판매왕, 조 지라드의 삶이 그 사실을 증명해준다. 그는 자신의 성공비결에 대해 이렇게 말했다.

"내가 세계 제일의 세일즈맨이 될 수 있었던 가장 큰 원동력은 배고픈 가족을 부양해야 한다는 간절한 마음이었다. 물론 가족들이 굶주리고 있어야 세일즈맨으로 성공할 수 있다는 뜻은 아니다. 다만, 무언가를 간절히 원해야 하고, 또 원하는 것이 무엇인지를 확실히 알고 있어야 한다. 당시 나는 눈앞의 사람과 계약을 체결하면서도 가족이 먹을 것을 사가지고 가야 한다는 생각 외에는 아무것도 없었다. 그리고 나는 이를 해냈다. 모든 것은 간절하게 원하면 통하게 되어 있다."

조 지라드가 세계 최고의 세일즈맨으로 성공할 수 있었던 것은 간절히 염원하는 마음이었다. 가족을 부양해야 한다는 간절함, 성공에 대한 갈망이 그를 세계 최고의 판매왕으로 만든 것이다. 일본 교세라 그룹의 창업주 이나모리 가즈오 회장 또한 마찬가지였다. 젊은 시절,

그는 마쓰시타 고노스케의 강연에 참석해 '댐 경영'에 대해 듣게 된다. 평소에 댐을 만들어 물을 저장하면 날씨나 환경에 좌우되지 않듯이, 기업도 호경기일수록 자원을 비축하며 회사를 경영해야 한다는 이론이었다. 강연이 끝나자 누군가가 마쓰시타 고노스케에게 질문을 던졌다.

교육생 : 인력과 물자가 풍부한 대기업과 달리 중소기업에서는 댐 경영이 쉽지 않습니다. 어떻게 하면 그런 댐을 만들 수 있을까요?

마쓰시타 : 그 방법은 저도 모릅니다. 그렇지만 댐을 만들겠다는 생각이 없으면 안 됩니다.

순간, 강연장에 있던 수백 명의 사람들은 웃음을 터뜨렸다. 마쓰시타 고노스케가 농담을 했다고 생각한 것이다. 그러나 이나모리 가즈오는 온몸에 전류가 흐르는 듯한 강한 충격을 받고 몸을 꼼짝할 수 없었다. 그의 마음속에는 다음과 같은 생각이 떠올랐다.

'댐을 만드는 방법은 사람마다 다르므로 일률적인 방법을 가르쳐줄 수는 없다. 그러나 댐을 만들고 싶다는 생각은 반드시 해야 하며 그 생각이 모든 것의 시작이다. 강렬하게 원하면 방법은 나타나기 마련이며 목표는 성취될 수 있다. 다만, 그저 생각하는 것만으로는 안 되며 자나깨나 끊임없이 바라고 원해야 한다. 머리끝에서부터 발끝까지 온몸을 그 생각으로 가득 채우고 피 대신 '생각'이 흐르게 해야 한다. 그 정도로 한결같이 하나만을 생각하는 것, 그것이 성공에 이르는 원동력이다.'

이나모리 가즈오는 자신의 몸속에 간절한 열망을 집어넣기 시작했다. 그리곤 마침내 눈부신 성공을 거두었다. 현재 그는 마쓰시타 고노스케, 혼다 소이치로와 더불어 가장 존경받는 일본의 3대 기업가로 손꼽힌다. 사람들은 그를 '살아 있는 경영의 신', '살아 있는 전설'로 칭송한다.

이처럼 온몸을 피 대신 생각으로 가득 채우고, 한결같이 하나만을 생각하는 것이 바로 '성공에 대한 강한 욕구'이다. 다소 아이러니하게 생각될 수 있겠지만 성공의 비결은 바로 성공하고 싶다는 열망 그자체인 것이다.

성공하고 싶다면 성공을 갈망하라. 당신의 혈관 속에 성공에 대한 열망이 뜨거운 피처럼 흐르게 하라. 이나모리 가즈오처럼 머리부터 발끝까지 성공에 대한 갈망으로 가득 채워라. 성공의 첫 번째 비결은 성공을 뜨겁게 갈망하는 것이다.

남과 다르게,
어제와
다르게 하라

"무엇과도 바꿀 수 없는 존재가 되려면, 늘 달라야 한다."

미국 시사주간지《타임》지에서 '20세기를 이끈 가장 영향력 큰 여성 25인'으로 선정된 가브리엘 코코 샤넬(Gabrielle Coco Chanel)의 말이다. 1910년 프랑스 파리에서 설립된 후 100년이 흘렀지만 샤넬은 여전히 대중들로부터 뜨거운 사랑과 인기를 얻고 있다. 2011년 샤넬의 브랜드 가치는 무려 7.5조 원에 달하는 것으로 추산된다. 가난한 장돌뱅이의 딸로 태어나 고아로 성장한 코코 샤넬은 어떻게 눈부신 성공을 거둘 수 있었을까?

"일할 시간과 사랑할 시간, 그밖에 어떤 시간이 필요하단 말인가?"라는 그녀의 말에서 뜨거운 열정을 느낄 수 있는데, 바로 이것이 그녀의 성공 비결로 손꼽을 수 있을 것이다. 이외에도 피카소, 달리, 스트라빈스키, 헤밍웨이 등 평생 그녀가 맺은 다양한 분야의 폭넓은 인맥도 큰 도움이 되었을 것이다. 그렇지만 정작 그녀 자신은 다음과 같이 말했다.

"사람들은 내가 옷 입는 모습을 보고 비웃었지만 그것이 바로 나의 성공 비결이었다. 나는 그 누구와도 같지 않았다."

한마디로 샤넬의 성공 비결은 남과 달랐다는 점이다. 그녀가 활동했던 20세기 초반은 산업 발달과 함께 여성의 사회 참여가 증가하고, 양성평등에 대한 인권의식이 확대되던 시기였다. 이러한 변화에 따라 불편하고 틀에 박힌 전통적인 의상에 싫증을 느끼던 여성들은 샤넬의 혁신적인 스타일에 열광했다. 샤넬의 옷은 실용적이면서 심플했고, 동시에 세련미를 지니고 있었다. 샤넬은 여성해방의 아이콘으로 떠오르며 거침없이 성공가도를 질주하기 시작했다. 샤넬은 새로운 스타일을 창조했고, 무엇과도 바꿀 수 없는 남과 다른 존재가 되었다.

당연한 이야기지만 성공은 생각처럼 쉽거나 간단하지 않다. 성공이라는 정상에 오르기 위해서는 여러 가지 역량과 조건들이 요구된다. 비전 설정 능력, 기획력, 실행력, 대인관계 능력, 자기 억제 능력, 열정 등이 성공의 필요조건으로 언급되는 조건들이다. 물론 이런 요소를 완벽하게 갖춘다면 성공의 확률은 매우 높아질 것이다. 그렇지만 그럴 가능성 또한 별로 많지 않다는 것도 우리는 잘 알고 있다. 그렇다면 무엇을, 어떻게 해야 성공에 도달할 수 있을까? 만약 성공의 비결을 단 한 가지만 추천하라면 나는 주저 없이 이렇게 말할 것이다.

"다르게 하라."

지금까지 나는 꽤 많은 실패와 성공을 경험해보았다. 삼수(三修) 생활, 가출과 자살 시도, 군대에서 주독야경(晝讀夜耕)을 하며 이룬 대학 합격, SK텔레콤 입사, 노동조합위원장 당선과 재선거 낙선, 징계와 회사 퇴직, 주식투자와 깡통계좌, 잇따른 사업 실패, 시민단체 활동, 두 차례에 걸친 지방선거 출마와 낙선, 강사, 작가 등이 짧게 요약한 내 삶의 이력이다. 이런 성공과 실패를 통해 나는 성공의 비결로 3가지 질문을 정립하였다.

첫째, 남과 다르게 하고 있는가?

둘째, 어제와 다른 일을 하고 있는가?

셋째, 어제와 다른 방법으로 하고 있는가?

천재적인 영화감독 스티븐 스필버그는 "질문하라, 너를 둘러싼 세계에 '왜?'라고 물어라. 그것이 성공의 비결이다."라고 말했다. 나는 앞에서 언급한 3가지 질문이야말로 성공의 충분조건이라 믿는다. 이따금 성공의 비결로 노력을 강조하는 글을 발견할 때가 있다. 이를테면 '노력한다고 모두 성공하는 것은 아니다. 그렇지만 성공한 사람들은 모두 예외 없이 노력했다.'는 식의 문장이다.

취지는 알겠지만 이런 식의 문장은 단순한 말장난에 지나지 않는다고 생각한다. 성공을 하려면 노력해야 한다는 것이 어떻게 성공의 비결이 될 수 있는가? 그것은 삼척동자도 알고 있는 초보적인 상식이다. 혹시라도 이런 문장에 고개가 끄덕여진다면 스스로의 성공 가능성에 대해 심각한 의문을 가져야 할 것이다.

성공의 핵심 비결은 하나다. 그것은 다르게 하는 것이다. 남과 다르게, 어제와 다르게 해야 성공할 수 있다. 월트 디즈니는 "성공하려면 남과 다른 나만의 개성을 가져야 한다. 남과 달라야 한다. 내가 지닌 것이 사람들이 원하는 것이라면 사람들은 그것을 얻기 위해 나에게 오게 되어 있다."고 말했다. 유니클로의 창업주 야나이 다다시, 그리고 '아래아 한글', '한메타자교사'를 개발하고 '리니지' 게임의 신화를 창조한 엔씨소프트의 김택진, 저가 항공이라는 새로운 사업 영역을 개척한 사우스웨스트 항공의 허브 켈러허, 커피가 아니라 문화를 판다는 스타벅스의 창립주 하워드 슐츠, 최초의 퍼스널 컴퓨터와 아이팟, 아이폰, 아이패드를 만든 애플의 창업자 스티브 잡스를 생각해 보라. 이들은 모두 남과 다른, 그리고 어제와 다른 일을 통해 성공을 이룬 사람들이다.

성공하고 싶다면 다르게 하라. "남도 그대만큼 할 수 있는 일이라면 하지를 마라."는 프랑스 작가 앙드레 지드의 말처럼 같은 일을, 같은 방법으로 하지 않는 것이 성공의 비결이다. 따라서 성공을 위해서는 날마다 새로운 생각과 아이디어를 찾기 위해 노력해야 한다. 자신이 하는 일에 대해 끊임없이 '왜?, 어떻게?'라는 질문을 던져야 한다.

나 역시 매일 아침마다 스스로에게 질문을 한다. 남과 다르게 하는지, 어제와 다른 일을 하는지, 어제와 다른 방법으로 하는지를 묻는다. 그리고 조금이라도 다르게 하기 위해 피나는 노력을 하고 있다.

남과 다르게 하라.

세계에서 가장 창조적인 CEO, 괴짜 CEO라는 별명을 얻고 있는 영국 버진 그룹 리처드 브랜슨 회장의 말을 기억하자.

"나는 쉴 때도 생각을 멈추지 않는다. 내 머리가 잠들지 않고 깨어 있는 한, 새로운 아이디어를 생각하고 또 생각한다."

희망은 사람을
성공으로
이끄는 신앙이다

강의나 모임에서 내가 지금까지 겪었던 실패를 소개할 때면 거의
예외 없이 비슷한 질문을 받게 된다. 조금 신기하게 느껴지는 모양인
데, 주로 이런 내용이다.

"그렇게 여러 번 실패를 했는데도, 어떻게 포기하지 않고 다시 일어
설 수 있었나요?"

처음에는 대답하기 어려웠다. 그래서 다음과 같이 말했다.

"특별한 원동력이나 계기는 없었던 것 같아요. 그냥 살아야 했기 때
문이라고 할까요? 가족들을 책임져야 했고, 한 번뿐인 인생을 이대로
끝낼 수는 없다고 생각했어요."

정말이다. 다른 생각을 할 겨를이 없었다. 꿈이나 비전이 아니라 일
단 먹고 살아야 했다. 아내와 아이들을 굶길 수는 없는 일이었고, 그

래서 더욱 포기할 수 없었을 뿐이다. 그렇지만 요즘에는 조금 다르게 말한다. 내가 포기하지 않았던 것은 희망 때문이라고. 아니, 스스로 희망의 길을 왕래했기 때문이라고 설명한다.

과학자들이 쥐를 대상으로 실험하였다고 한다. 먼저 큰 물통 하나에는 여러 마리의 쥐를 넣고 뚜껑을 닫아 빛을 완전히 차단하고, 또 다른 통에는 모든 조건을 동일하게 하되 희미한 빛이 통 안에 스며들도록 만들었다. 그 결과 빛이 완전히 차단된 통 속의 쥐들은 평균 3분 안에 헤엄치기를 포기하고 죽어버렸고, 희미한 빛이 스며든 통 속의 쥐들은 평균 36시간 이상을 헤엄치며 살아 있었다.

어둠 속에 갇힌 쥐는 금세 살려는 노력을 포기했지만, 한줄기 빛에서 희망을 품은 쥐들은 750배나 오랜 시간 동안 절망적인 상황을 이겨낸 것이다. 틀림없이 사람도 마찬가지일 것이다.

미국 작가 A. J. 크로닌은 《천국의 열쇠》라는 책에서 '지옥이란 희망을 잃어버린 상태'라고 했다. 희망이 있는 한 포기란 없고, 희망이 있는 한 삶은 천국이 될 수 있다. 인류 역사를 살펴보면 절망적이고 암흑 같은 상황을 희망의 힘으로 이겨낸 위인들이 많다. 그중에서도 링컨은 가장 대표적인 인물이다.

학자들의 조사에 의하면 링컨은 평생 27차례의 역경을 겪어야 했다. 가족의 파산, 어머니와 누나, 그리고 약혼자와 세 아들의 사망, 잇따른 사업 실패와 10차례 이상의 선거 패배 등 링컨의 고난은 끝이 없었다. 사업 때문에 진 빚을 갚는 데만 17년의 세월이 걸렸고, 신경

쇠약과 우울증으로 자살 유혹에 시달렸다. 《링컨의 우울증》이란 책을 보면 매우 충격적인 내용들이 소개되어 있다. 20대 초반의 링컨은 자살 충동 때문에 호주머니에 칼이나 총을 넣고 다니지 못했고, 나무에 목을 매달고 싶은 충동 때문에 혼자 숲 속을 산책하는 것조차 두려워했다. 그럼에도 링컨은 미국 대통령에 당선되었으며 역사상 가장 존경받는 인물로 남았다. 무엇이 그를 절망의 끝에서 구해낸 것일까?

"내가 걷는 길은 험하고 미끄러웠다. 그래서 자꾸만 미끄러져 길바닥 위에 넘어지곤 했다. 그러나 나는 곧 기운을 차리고 내 자신에게 '괜찮아. 길이 약간 미끄럽긴 해도 낭떠러지는 아니야.' 라고 말했다."

이렇듯 링컨은 실패와 좌절 속에서도 희망을 잃지 않았다. 비관적인 상황일수록 오히려 스스로 마음에 희망의 메시지를 주입하였다. 사랑하는 가족과 연인의 사망, 사업과 선거에 미끄러져 넘어지면서도 아직 낭떠러지가 아니라고 스스로를 격려했다. 보통 사람 같으면 한 줄기 빛조차 스며들지 않는 캄캄한 현실에 절망했을 텐데 링컨은 정반대로 행동했는데, 선거에서 패배했을 때도 마찬가지였다.

"나는 선거에서 낙선했다는 소식을 듣자마자 곧바로 내가 자주 가는 레스토랑으로 달려갔습니다. 그리고는 배가 부르도록 맛있는 요리를 실컷 먹었지요. 다음은 이발소로 달려가서 머리를 단정하게 손질하고 기름도 듬뿍 발랐습니다. 이제 아무도 나를 실패한 사람으로 보지 않겠지요. 왜냐하면 이제 내 발걸음은 다시 힘이 생겼고, 내 목소리는 우렁차니까요."

중국의 문호 루신은 "희망이란 본디 있다고도 할 수 없고, 없다고도 할 수 없다. 그것은 땅 위의 길과 같다. 본래 땅 위에는 길이 없었다. 걸어다니는 사람이 많아지면 그것이 곧 길이 되는 것이다."라고 말했다. 희망은 일정한 조건이 충족될 때만 형성되는 자연적인 감정이 아니라 개인의 의지와 노력으로 만들 수 있는 인생관이라는 뜻이다.

노벨 평화상을 수상한 독일의 수상 빌리 그란트 역시 "상황은 비관적으로 생각할 때에만 비관적이 된다."고 말했다. 루신의 말처럼 희망은 길과 같아서 있다고도 할 수 없고, 없다고도 할 수 없다. 우리가 절망과 비관의 길로 들어서면 희망은 없는 것이요, 반대로 희망과 낙관의 길을 찾아가면 희망은 점점 많아지고 넓어지는 것이다. 링컨의 삶이야말로 희망의 길을 찾아 지옥을 천국으로, 실패를 성공으로 바꾼 결정적인 증거인 셈이다.

결국 희망은 'Dream is nowhere'와 'Dream is now here' 사이의 가치관이며, 'impossible'과 'I'm possible' 사이의 신념이다. 어느 쪽을 선택하느냐에 따라 지옥과 천국, 희망과 절망이 결정된다.

살아보니 한 가지 사실만큼은 분명하게 깨닫게 되었다. 인생은 무지개가 아니며, 태어나서 죽을 때까지 100퍼센트 장밋빛 성공만을 거두는 사람은 없다. 오히려 많은 실패가 찾아오며 대부분 몇 차례의 좌절을 겪은 후에야 성공에 도달한다. 미국 보스턴대학의 40년 조사를 통해 '좌절을 대하는 태도'를 성공의 핵심요소로 손꼽은 것도 마찬가지 이유다.

성공을 원하는가? 그렇다면 희망의 길로 왕래하라. 마음속에 희망의 씨앗을 뿌리고, 그 씨앗에 매일같이 긍정과 낙관의 물을 줘라. 어렵게 생각할 것 없다. 희망은 단순한 감정이 아니라 인생에 대한 긍정적 가치관이며, 확고한 신념이라는 사실만 기억하면 된다.

항상 머릿속에 헬렌 켈러의 말을 기억하자.

"희망은 사람을 성공으로 이끄는 신앙이다."

절대로,
절대로
포기하지 마라

대학 입시 불합격

재수

삼수

출판사 실패

인터넷 사업 실패

부동산 지주회사 실패

노동조합위원장 재선거 낙선

지방선거 낙선

지방선거 낙선

나의 실패 약력이다. 대학에 입학하기까지 삼수를 했고, 선거에 출마해 3번 낙선했다. 사업은 3번 이상 실패했다. 단돈 몇 푼이 없어 비참한 심정을 느낀 적도 많았고, 스스로 생을 마감하려는 유혹에 빠진 적도 있었다. 다행히 아직까지는 열심히, 그리고 꿋꿋하게 살고 있다. 아직도 인생에 대해서는 잘 모르지만 한 가지 사실만큼은 분명하게 깨달았기 때문이다. 성공을 이루려면 용기 있는 자는 못 되더라도, 최소한 포기하는 자는 되지 말아야 한다는 사실이다.

나폴레옹은 "내 인생에 불가능이란 없다."고 말했지만, 나는 "내 인생에 포기란 없다."라고 말하고 싶다. 1941년, 영국 런던의 사립중등학교인 해로스쿨(Harrow School)을 방문한 처칠은 학생들을 향해 이렇게 말했다.

"절대로 포기하지 마라. 절대로, 절대로. 아무리 큰일이거나 아무리 작은 일이라도, 아무리 중요하거나 아무리 하찮은 일이라도, 명예와 현명한 판단에서 나온 결정이 아니면 절대로 포기하지 마라. 상대의 힘에 눌려 포기하지 마라. 상대가 아무리 압도적으로 우세한 힘을 가졌더라도 절대로 포기하지 마라."

그로부터 7년 후인 1948년, 옥스퍼드대학 졸업식에 참석한 처칠은 다시 말한다.

"저의 성공 비결은 단 3가지입니다. 절대 포기하지 마라. 절대, 절대 포기하지 마라. 절대, 절대, 절대로 포기하지 마라!"

2002년, 영국 BBC는 '역사상 가장 위대한 영국인은 누구인가?'라는 설문조사를 실시하였다. 그 결과 셰익스피어, 뉴턴, 엘리자베스

1세 등의 쟁쟁한 인물들을 물리치고 처칠이 1위로 선정되었다. 어쩌면 제2차 세계대전을 연합국의 승리로 이끈 전쟁 영웅이니 당연한 결과인지도 모른다. 그러나 처칠이 사람들로부터 존경을 받는 이유는 인생의 고비마다 보여준 불굴의 용기, 끝없는 도전 때문일 것이다. 사실 처칠은 매우 다양한 면모를 지닌 특이한 인물이었다. 승리의 V자, 시가 파이프, 작가, 화가, 불독 등이 처칠을 설명하는 각기 다른 표현들이다. 처칠은 에세이, 평론, 소설 등 활발한 저술활동을 펼치며 노벨 문학상을 수상하였고, 그림에도 뛰어난 솜씨를 지녀 세계 여러 나라에서 전시회를 열었다. 또한 그는 사람의 마음을 사로잡은 웅변가로 유명하며 많은 명언을 남겼다.

"돈을 잃는 것은 적게 잃는 것이다. 그러나 명예를 잃는 것은 크게 잃는 것이다. 용기를 잃는 것은 전부를 잃는 것이다."

"최선을 다하고 있다고 말해봤자 소용없다. 필요한 일을 할 때는 반드시 성공해야 한다."

"만약 우리가 현재와 과거를 서로 경쟁시킨다면 반드시 미래를 놓치게 될 것이다."

얼핏 보면 처칠의 인생은 매우 화려하면서도 행운과 성공으로 가득해보이지만 실제로는 그렇지 않았다. 오히려 정반대의 사실이 더욱 많았다. 처칠은 출산 예정일보다 2개월 먼저 팔삭둥이로 태어났다.

이로 인해 어린 시절에는 지능 발달이 매우 느렸고, 학교생활은 낙제를 기록하기 일쑤였다. 당시의 생활기록부에는 처칠에 대해 '품행이 바르지 못하며, 매사에 의욕이 없고, 다른 학생들과 자주 다투며, 상습적으로 지각하고, 물건을 제대로 챙기지 못한다.'고 적혀 있다. 결국 처칠은 3년을 유급한 후에야 간신히 학교를 마칠 수 있었다. 비단 그뿐만이 아니다. 해로스쿨을 졸업한 처칠은 샌드허스트사관학교를 지원했지만 성적이 좋지 않아 연속으로 낙방했고, 세 번째에야 간신히 합격한다. 처칠은 어릴 때부터 말을 더듬는 버릇이 있었다. 당시로서는 병명조차 알려지지 않았던 난독증에 걸려 있었던 것이다.

처칠에게는 불운과 실패도 많았다. 제1차 세계대전이 발발했을 때, 처칠이 입안한 군사 작전이 실패하면서 많은 영국군이 죽거나 부상을 당하는 일이 발생했다. 이 때문에 그는 불명예스럽게 해군장관직에서 물러나야 했다. 또한 1899년, 1922년, 1945년 선거를 비롯해 여러 차례 선거에서 낙선과 패배를 경험하였다. 당시 하원의원은 무보수직이었기 때문에 처칠은 경제적인 어려움에서도 벗어나지 못하였다. 그럼에도 불구하고 처칠은 결코 낙심하거나 포기하지 않았다. 오히려 더 많은 노력을 기울이며 최선을 다했다. 말을 더듬는 버릇을 고치기 위해 같은 문장을 수백 번씩 외우며 훈련했고, 부족한 실력을 보충하기 위해 시간이 날 때마다 독서에 몰두했다. 연설이 서툰 점을 보완하기 위해 원고를 완벽하게 외운 후에야 대중 앞에 나섰다. 사람들의 비난과 반대를 물리치기 위해 유머를 연습했다. 총리에 당선된 처칠은

"내가 바칠 것은 피와 땀과 눈물밖에 없다."고 말했다.

실제로 처칠은 일흔이 넘는 나이에도 하루 16시간씩 일하며 전쟁을 지휘했고, 영국 국민에게 승전국이 되는 기쁨을 안겨주었다. 그는 많은 약점과 불운, 거듭되는 실패와 좌절에도 포기하지 않았고 마침내 값진 성공과 승리를 손안에 넣었다.

성공을 얻고 싶다면 처칠의 말처럼 절대로 포기하지 마라. 아무리 큰일이거나 아무리 작은 일이라도, 아무리 중요하거나 아무리 하찮은 일이라도 절대로, 절대로, 절대로 포기하지 마라. 용기를 잃고 포기하는 것은 성공뿐만이 아니라 자신의 인생 전부를 잃는 것이다.

질문으로
성공하라

인생은 질문에 달려 있다. 무엇을 어떻게 묻느냐에 따라 삶과 운명이 달라진다. 천재적인 영화감독 스티븐 스필버그는 "질문하라, 너를 둘러싼 세계에 '왜?' 라고 물어라. 그것이 성공의 비결이다."라는 말을 남겼고, 변화심리학 연구가인 앤서니 라빈스는 "어디에 관심을 둘 것인가, 그것은 내게 무엇을 의미하는가, 원하는 결과를 얻기 위해 무엇을 할 것인가? 이 3가지 질문이 운명을 좌우한다."고 말했다. 인생에서 성공과 행복을 얻으려면 질문을 잘하는 방법을 배워야 한다. 먼저 몇 사람의 말과 사례를 살펴보자.

오라클의 창업자 래리 앨리슨은 자신의 성공 비결을 묻는 사람들에게 다음과 같이 대답했다. "나는 모든 일에 질문을 던지는 성격 덕분에 지금의 성공을 이룰 수 있었다. 나는 통념에도 의문을 품었고 전문

가들의 말에도 질문을 던졌다. 사실 나의 이런 성격 때문에 부모님과 선생님들이 고생을 많이 했다. 그러나 이런 질문이 인생에서 꼭 필요하다." 과학자 뉴턴이 만유인력을 발견할 수 있었던 이유도 사과가 떨어지는 단순한 현상을 보며 "왜 아래로 떨어질까?"라는 질문을 던졌기 때문이다. 에디슨, 콜럼버스를 비롯해 많은 인물들이 질문을 통해 새로운 역사를 창조하였다. 질문은 기업 경영의 핵심도구로도 활용된다.

GE의 전 회장 잭 웰치는 5가지 질문에 올바른 대답을 할 수 있으면 누구나 기업 경영에 성공할 수 있다고 말했다. 첫째, 경쟁 구도는 무엇인가? 둘째, 이 경쟁 구도를 바꾸기 위해 경쟁사는 지난 1년 동안 무슨 일을 했는가? 셋째, 지난 1년 동안 우리는 무엇을 했는가? 넷째, 이 경쟁 구도를 바꾸기 위해 경쟁사들이 어떤 태도를 취할 때 가장 두려워지는가? 다섯째, 우리는 어떻게 이 경쟁 구도를 바꿀 것인가?

질문은 업무혁신의 방법으로도 활용될 수 있다. 일본 도요타 자동차의 조 후지오 회장은 '5번 WHY(왜) 질문을 해보라.'고 조언한다. 현장의 말단직 사원에게 왜 이 일을 하고 있는지 물어보라는 것이다. 만약 5번을 연속적으로 답변할 수 있다면 그 회사는 훌륭한 기업임에 틀림없다는 것이 조 후지오 회장의 생각이다. 실제로 도요타의 직원들은 자신의 업무를 개선시키기 위해 끊임없이 '왜?'라는 질문을 반복한다. 문제점이 발생하면 관리자들은 절대로 답을 알려주지 않으며 부하 직원들이 '왜?'라는 질문을 통해 스스로 해결책을 발견하도록 유도한다.

질문은 새로운 직원을 채용할 때 판단기준으로도 유용하게 활용될 수도 있다. 아마존의 창업자 제프 베조스는 채용하기 전에 반드시 3가지 질문을 거치게 했다. 첫째, 당신은 이 사람을 존경할 수 있는가? 둘째, 이 사람을 고용함으로써 팀의 효율성이 향상될 것인가? 셋째, 이 사람이 회사의 활력, 활기, 사기 진작에 기여할 수 있을 것인가?

현대 경영학의 아버지로 칭송받는 피터 드러커는 자신을 '경영에 대해 올바른 질문을 한 사람'이라고 표현했다. 사실 그는 '사업이란 무엇인가?'를 질문한 최초의 경영학자였다. 그에 따르면 과거의 리더는 말하는 리더지만 미래의 리더는 질문하는 리더다. 또한 성공적인 리더는 '내가 하고자 하는 일은 무엇인가?'라고 묻는 대신 '마땅히 해야 할 일은 무엇인가?'라고 질문해야 한다. 피터 드러커가《경영의 실제》라는 책을 통해 제시한 질문은 다음과 같다.

① 우리의 사업은 무엇인가?
② 우리의 고객은 누구인가?
③ 우리의 고객이 가장 가치 있게 생각하는 것은 무엇인가?
④ 우리의 사업은 어떻게 될 것인가?
⑤ 우리의 사업은 어떻게 되어야 하는가?

질문은 인생에서 부딪치는 여러 가지 문제의 해결책이며, 동시에 세상과 인생에 대한 심층적이고 본질적인 이해를 도와준다. 베이컨은 "질문으로 파고드는 사람은 이미 그 문제의 해답을 반쯤 얻은 것과 같다."고 말했고, 윌리엄 제임스는 "나는 무언가를 철저하게 이해하고 싶을 때마다 질문을 한다. 다른 사람이 아니라 나 자신에게 말이다. 질문은 단순한 말보다 더 깊은 곳까지 파헤친다. 말보다 10배쯤 더 많은 생각을 이끌어낸다."고 말했다. 질문은 인생의 목적과 방향을 알려주는 이정표로 활용된다. 피터 드러커는 다음과 같은 질문을 통해 올바른 삶을 살기 위해 노력하였다. '나는 죽은 후에 어떤 사람으로 기억되기를 바라는가?'

인생은 무엇을 묻느냐, 그리고 어떻게 묻느냐에 따라 달라진다. 성공에 대해 질문하는 사람과 행복에 대해 질문하는 사람의 인생은 서로 같지 않다. "지금 올바른 사업을 하고 있는가?"라는 질문과 "지금 사업을 올바르게 하고 있는가?"라는 질문 사이에는 하늘과 땅만큼의 차이가 존재한다.

성공을 위해서는 올바른 질문을 해야 하는데, 나는 5가지를 필수 질문으로 추천하고 싶다. 첫째, 올바른 사업을 하고 있는가? 둘째, 남과 다르게 하고 있는가? 셋째, 어제와 다른 일을 하고 있는가? 넷째, 어제와 다른 방법으로 하고 있는가? 다섯째, 다른 사람들과 함께 하고 있는가? 성공에는 비전, 열정, 노력, 희망 등 많은 중요한 요소가 있지만 결국 실행 과정이 성공과 실패를 좌우한다고 생각한다. 올바른 일인지, 어제와 다르게 하고 있는지, 남과 다르게 하고 있는지가 성공의 관건이다.

나를 둘러싼 세계에 끊임없이 질문하라. 그것이 성공의 비결이며 당신의 운명을 좌우한다.

소통의
달인이
되어라

직장생활에서 가장 힘든 것 중에서 첫 번째로 인간관계를 손꼽는데, 그 이유는 커뮤니케이션에 어려움을 겪기 때문이다. 사실 의사소통만 원활하다면 모든 관계는 원만해지기 마련이다. 취업포털 커리어가 직장인 660명을 대상으로 '최고의 팀장'에 대해 설문조사한 결과 '원활한 의사소통을 이끌어내는 커뮤니케이션형 팀장(37.1퍼센트)'이 1순위로 꼽혔다. 반면에 직속 상사가 지닌 문제점에 대한 설문에서는 '원활하지 못한 커뮤니케이션(29.4퍼센트)'이 1순위로 지적됐다. 직장에서 리더에게 요구되는 가장 핵심적인 역량이 바로 소통 능력이라는 사실을 말해주고 있다.

흔히 기업의 문제 중 70퍼센트는 의사소통 장애로 인한 것이고, 기업의 경영자들은 하루 일과의 70퍼센트를 의사소통에 사용하는 것으로 알려져 있다. 일본의 전설적인 기업인 마쓰시타 고노스케는 다음과 같이 말했다. "기업 경영의 과거형은 관리다. 경영의 현재형은 소통이다. 경영의 미래형 역시 소통이다." 이처럼 중요한 비중을 차지하고 있지만 소통은 가장 어려운 경영 과제 중 하나다.

직장 내 의사소통의 어려움을 설명해주는 이론에 켈의 법칙(Kel's Law)이 있다. 조직에서 직급이 한 단계 멀어질 때마다 심리적 거리감은 제곱으로 커지고, 직급 간에는 점점 두꺼운 벽이 존재하게 된다는 이론이다. 예를 들어 동료와의 거리가 1일 때, 상사와의 거리는 2가 되고, 심리적 거리감은 4가 된다. 직급이 한 단계 더 높은 상사와의 거리는 3이 되고, 심리적 거리감은 9가 된다. 결국 심리적 거리감이 증가할수록 원활한 소통을 가로막는 장벽으로 작용하는 셈이다. 직장에서 원활한 커뮤니케이션을 이루고 소통의 달인이 되려면 다음과 같이 노력해야 한다.

첫째, 마음을 열어라.

미국 캘리포니아 주 상원의원 바버라 복서는 "마음을 열고 다른 사람의 소리를 들어보세요. 다른 사람들도 자신처럼 저마다의 소신이 있습니다."라고 말했다. 이와 같이 소통의 첫 번째 단계는 타인에게 관심을 갖고 그들이 말하지 않는 내면의 목소리에 귀를 기울이는 것이다. 하루에 10분 이상 다른 사람에게 관심을 가져라. 어려울 것 없다. 그저 한걸음 옆으로 다가가 질문하면 된다.

"당신의 생각에 관심 있습니다."

"무엇을 생각하십니까?"

"어떻게 생각하십니까?"

둘째, 귀를 열어라.

소통의 두 번째 단계는 상대방의 말을 귀담아듣는 것이다. 미국 화이자제약회사 회장인 제프 킨들러는 매일 아침 1센트짜리 동전 10개를 바지 주머니에 넣고 출근하였다. 직원들을 만나 그들의 이야기를 충분히 경청해주었다고 판단되면 동전 하나를 반대쪽 주머니에 옮겼다. 그는 매일 저녁 퇴근할 때까지 10개의 동전이 모두 옮겨가도록 훈련하며 직원들과의 의사소통에 노력하였다. 소통의 달인이 되기 위해서는 이렇게 경청과 공감력을 높이기 위한 연습이 필요하다. 매일 아침 100원짜리 동전 10개를 바지 주머니에 넣고 출근하라. 직장에서 상사, 동료, 부하들의 이야기를 집중해서 경청하고 그들의 이야기에 공감하는 훈련을 반복하라.

셋째, 입을 열어라.

소통의 세 번째 단계는 내 생각을 정확하게 전달하는 것이다. 다른 사람의 생각과 감정을 얼마나 정확하게 추측하는지를 나타내는 정도를 '공감 정확도(empathic accuracy)'라고 한다. 그런데 학자들의 조사에 의하면 친밀한 관계 사이의 공감 정확도가 일반적인 관계보다 낮은 것으로 나타난다. 그 이유는 친한 사이일수록 상대방에 대한 고정관념, 편견에 사로잡혀 공감에 필요한 정보를 수집하지 않기 때문이다. 반대로, 말하는 사람의 입장에서는 상대방이 자신의 생각을 충분히 이해할 수 있을 것이라는 지레짐작에 의해 의사표현을 구체적으로 하지 않기 때문이다. 이런 문제를 해결하려면 육하원칙에 의해 상세하게, 그리고 반복해서 설명해야 한다. GE의 전 회장 잭 웰치는 "10번 이상 말하지 않았으면, 한 번도 말하지 않은 것과 같다."고 말했다.

소통은 먼저 상대방에게 관심을 갖고, 상대방의 말을 경청하고, 그다음에 나를 이해시키려는 반복적인 노력으로 가능한 일이다. 어느 것 하나 쉽지 않은 일이지만 그렇다고 실망할 필요는 없다. 중요한 것은 오직 한 가지다.

사람은 누구나 자신에게 가장 관심이 많으며, 다른 사람의 이야기를 듣는 것보다는 자신의 생각을 이야기하고 싶어한다는 사실이다. 당장 동전 10개를 주머니에 넣고 다른 사람들의 이야기에 귀를 기울여보자. 그리하여 소통의 달인이 되라.

한 우물,
양다리,
문어발

대통령에 당선된 링컨이 내각을 구성할 때 비서관이 어떤 사람을 추천하였다. 그런데 링컨은 그 사람의 이름을 듣자마자, 단호하게 고개를 저으며 거절하였다. 비서관이 이유를 묻자 링컨은 다음과 같이 말했다.

링컨 : 나는 그 사람의 얼굴이 마음에 들지 않습니다.

비서관 : 하지만 얼굴은 그 사람 책임이 아니잖아요? 부모가 만들어
　　　　　준 것이니 어쩔 수 없는 일 아닌가요?

링컨 : 그렇지 않습니다. 처음 뱃속에서 나올 때는 부모가 만들었지
　　　　만, 다음부터는 자신이 얼굴을 만드는 것입니다. 사람은 40세
　　　　가 넘으면 마땅히 자신의 얼굴에 책임을 져야 합니다.

나이를 먹을수록 링컨의 말이 더욱 가슴을 예리하게 찌른다. 마치 나를 준엄하게 책망하는 듯하다. '男兒二十 未平國(남아이십 미평국) 後世誰稱 大丈夫(후세수칭 대장부)' 라는 남이 장군의 기개는 역사적 인물의 영웅담으로 치부하면 끝이다. 그렇지만 "사람은 자신의 얼굴에 책임을 져야 한다."는 링컨의 말은 "사람은 죽어서 이름을 남긴다."는 속담과 함께 나의 고개를 힘없이 떨구게 만든다. 어느덧 40대 후반에 이르렀건만 아직 나라를 평정하지도 못했고, 얼굴에도 자신이 없으며, 죽어서도 이름이 남을 것 같지 않으니 참으로 먹먹한 일이다. 어떻게 해야 내 얼굴에 책임질 수 있을까? 40대의 성공 전략을 다시 한 번 되짚어보자.

인생을 살다보면 가끔 길을 잃고, 판단에 어려움을 겪을 때가 생긴다. 이런 때일수록 정확한 방향감각을 유지해야 한다. 80년대까지는 '한 우물을 파라.' 는 말이 금과옥조처럼 떠받들어졌는데, 90년대가 되니 '두 마리 토끼를 잡아라.' 라는 양다리 작전이 유행하였다. 한 우물을 파도 끝내 샘물이 나오지 않는 최악의 상황에 대비해야 한다는 논리였다. 그러더니 21세기에 들어오면서부터는 문어발 전략이 대세로 떠올랐다. 모든 것이 급변하는 현대 사회에서는 특정 분야의 스페셜리스트보다 다양한 분야에 폭넓은 식견을 지닌 제너럴리스트가 유리하다는 주장이다. 물론 한 가지 이상의 분야에 일정 수준 이상의 전문가가 되는 것을 전제로 하는 말이다. 그런데 곰곰이 생각해보면 '한 우물-양다리-문어발' 은 시대적 흐름이라기보다는 연령별 성공

전략에 가깝다. 그리고 연령별 성공 전략으로는 문어발-양다리-한 우물이라는 흐름이 타당한 것으로 보인다.

먼저 20대부터 30대 중반까지는 문어발 전략이 적합하다. 이때는 무슨 일이든지 닥치는 대로 해보는 것이 바람직하다. 사실 우리나라 기업들이 입사시험에서 요구하는 수준의 스펙을 쌓으려면 싫건 좋건 왕성한 활동을 할 수밖에 없다. 그렇지만 단순하게 자격증이나 단체 활동, 봉사 경력을 늘리는 것이 문어발 전략을 의미하지는 않는다. 그보다는 여러 분야에 걸쳐 취업, 창업, 전직, 프리랜서, 1인 기업 등을 경험하며 자신의 꿈과 활동무대를 체크해보는 것이다. 인생이란 장거리 경주를 위해서는 불합격, 실패, 좌절, 백수생활 등의 스펙을 쌓는 것도 충분한 의미와 가치가 있다.

30대 후반부터 40대 초반까지는 양다리 전략이 좋다. 이때부터는 가장 좋아하고, 가장 잘하는 2~3가지의 분야를 선택해 역량을 집중해야 한다. 하고 싶은 일을 모두 하며 살 수 있는 사람은 아무도 없다. 게다가 하고 싶다고 해서 모든 일을 잘할 수 있는 것도 아니다. 해보지 못한 일에 대한 아쉬움은 남겠지만 과감하게 정리하고 2~3가지 분야로 꿈과 활동무대를 좁혀야 한다.

40대 중반 이후에는 한 우물을 파야 한다. 슈바이처도 이렇게 말했다. "우물을 파되 한 우물을 파라. 샘물이 나올 때까지……." 사실 40대는 특정 분야에서 일가(一家)를 이뤄야 할 나이다. 이미 지력과 체력이 떨어져가기 때문에 2가지 이상의 분야에 역량을 분산하는 것은 비효율적이다. 앞에서도 말했지만 한 분야에서 독보적인 경지에 이르기 위해서는 1만 시간이 필요하다. 매일 5시간씩 노력하면 5년이라는 시간이 소요되니, 46세에 시작한다면 최소한 50세는 되어야 '아웃라이어'로 거듭날 수 있다. 따라서 더 이상 망설이거나 양다리를 걸쳐서는 안 된다. 이제는 죽기 살기의 결심으로 한 우물을 파며 마지막 승부를 걸어야 한다.

영국의 극작가 조지 버나드 쇼는 자신의 묘비명에 "우물쭈물하다가 내 이럴 줄 알았다."는 글을 남겼다.

당신의 우물은 무엇이며, 어디에 있는가? 우물쭈물하지 말고 지금 당장 한 우물을 파라. 샘물이 나올 때까지!

사람들이
실패하는
이유

1997년의 일이다. 우연히 대학교 친구를 만났는데, 그는 회사에서 벌어지고 있는 부서 간의 갈등 때문에 고민에 잠겨 있었다. 이야기를 들어보니 대충 이런 내용이었다.

① 회사에서 삐삐(무선호출기)와 관련된 신규 사업 진출 검토
② 경영진 및 기술부서에서는 적극 찬성
③ 무선호출 사업의 퇴조를 전망한 영업부서는 결사반대
④ 영업부의 의견이 묵살된 채 일방적으로 사업 추진

영업부에 소속돼 있던 친구는 회사 경영진의 안목과 커뮤니케이션 부재를 한탄하며 장시간 하소연을 늘어놓았다. 내가 보기에도 시대적

흐름에 역행하는 모험이었다. 휴대폰 시장의 성장과 함께 무선호출기 사업은 사양길에 접어들 것이 분명했기 때문이었다. 결국 그로부터 3년 후, 친구의 회사는 문을 닫고 말았다. 부적합한 사업에 뛰어든 것이 결정적인 실패를 불러온 것이다.

과연 인생과 사업에서 실패를 피하려면 어떻게 해야 될까? 미국 작가 데이비드 웹스터는 "실패는 자본의 결핍보다 에너지의 결핍에서 일어나곤 한다."고 말했고, 미국 영화배우 빌 코스비는 "나는 성공의 열쇠는 모른다. 그러나 실패의 열쇠는 모두의 비위를 맞추려 하는 것이다."라는 말로 실패의 원인을 설명하였다. 모두 일리 있는 말이지만 나는 사람들의 실패는 5가지 원인에 의해 결정된다고 생각한다.

첫째, 올바른 일(사업)

주식 투자 격언에 "내가 잘해서 돈을 버는 게 아니라, 장이 돈을 벌게 해준다."는 말이 있다. 개인의 실력보다는 시장 흐름이 상승장인지, 하락장인지가 중요하다는 뜻이다. 사업과 성공 또한 마찬가지다. 아무리 재능이 많고, 사력을 다해 열심히 일한다고 해도 시대적 흐름에 부적합한 사업에 뛰어드는 것은 실패의 대표적 원인이다. 무선호출기, 동네 서점, 전파사, 필름현상소 등이 모두 그런 경우에 해당된다.

인생과 사업에서 실패를 피하려면 "일(사업)을 올바르게 하고 있는가?"라고 묻기 전에 "나에게 올바른 일(사업)을 하고 있는가?"라고 자문해보아야 한다.

둘째, 지능(재능)의 부족

지능이나 재능의 부족은 실패의 지름길이다. 자신이 갖추지 못한 재능을 요구하는 분야에서 성공하려는 시도는 마치 자살행위와도 같다. 물론 우리 주변에는 부족한 재능을 땀과 노력으로 극복한 사례도 찾아볼 수 있다. 그렇지만 그것은 성공신화에 불과하며 보편타당한 법칙은 아니다.

미국 하워드 가드너의 다중지능이론에 의하면 사람의 지능은 언어, 논리수학, 음악, 신체, 인간 친화, 공간 친화, 자연 친화, 자기 성찰의 8가지 영역으로 구분된다. 성공을 위해서는 "강점 위에 구축하라."는 피터 드러커의 말처럼 자신이 강점을 지니고 있는 분야, 지능에 집중해야 한다. 음악, 미술, 스포츠 등의 분야에 특별한 재능이 없는 사람이 뛰어들 경우 성공보다 실패의 확률이 높다는 것은 자명한 일이다.

셋째, 대인관계 능력의 부족

미국 카네기멜론공과대학에서 1만 명의 사람들을 대상으로 조사를 실시하였다. 그들은 자신의 인생을 성공적이지 못하다고 평가한 사람들이었다. 그 결과 85퍼센트의 사람들이 '인간관계 기술 미숙'을 자신의 실패 원인으로 손꼽았다. 나머지 15퍼센트의 사람들이 선택한 것은 지능이나 재능의 부족이었다.

보스턴대학에서 7세 어린이 450명을 대상으로 40년 동안 조사하였는데, 그 결과 '다른 사람과 잘 어울리는 능력'이 성공 요인 중 하나로 나타났다. 이처럼 대인관계 능력은 성공과 실패를 좌우한다. 좋은 인맥, 원만한 인간관계를 형성하면 성공에 도움이 된다. 반면에 대인관계가 미숙하면 적이나 갈등이 많아지고 애써 쌓아올린 성공도 쉽게 무너지고 만다.

넷째, 사력(死力)의 부족

사람들이 실패하는 가장 일반적인 이유는 사력을 다하지 않기 때문이다. 보험왕 폴 마이어는 "인생에서 실패한 사람의 90퍼센트는 진짜로 패배한 것이 아니다. 그들은 다만 그만두었을 뿐이다."라고 말했다.

공자는 "일을 한다는 것은 마치 열 길 우물을 파는 것과 같다. 비록 아홉 길을 팠다 할지라도 샘물이 나오는 데까지 미치지 못한다면 우물을 포기하는 것과 같다."고 말했다. 대부분의 사람들은 죽을힘을 다해 노력하지 않으며, 결정적인 순간에 스스로 포기하고 만다. 사력을 기울이지 않고 적당히 노력하는 것, 그것이 가장 일반적인 실패의 원인이다.

다섯째, 불운(不運)

나는 운명보다는 개인의 의지와 노력을 더욱 중요하게 생각한다. 그러나 어쩌겠는가! 세상에는 '운명적' 이라는 단어로밖에 설명되지 않는 실패 사례들도 많이 찾아볼 수 있다. 능력도 있고, 열심히 일했고, 전망도 밝은 사업이었지만 불의의 사고나 천재지변으로 인해 실패하는 경우도 많이 보았다.

최근에도 가깝게 지내던 지인의 공장이 산사태로 흙더미 속에 매몰되는 사고를 당했다. 다행히 보험에 가입되어 있어 기계 피해는 보상받았지만 생산 중단 및 거래처 계약 해지 등으로 인해 사업을 정리하고 말았다. 미국 스탠포드대학에서는 '조심성'을 성공 요인의 하나로 발표하였다.

인생에서는 때로 불가항력적인 요소들에 의해 실패가 찾아올 수 있다는 사실을 인정해야 한다. 그리곤 항상 말과 행동을 조심하며 겸손한 마음으로 살아야 한다. 조심성이 성공의 비결이며, 동시에 불운으로 인한 실패에서 벗어날 수 있는 최상의 해결책이다.

지금까지 사람들이 실패하는 이유에 대해 알아보았다. 혹시라도 지금 실패를 겪고 있거나, 이미 몇 차례의 실패를 반복했다면 다시 한번 5가지 요소를 점검해보라. 올바른 사업(일)인지, 지능이나 재능이 부족한 분야는 아닌지, 대인관계 능력을 갖추고 있는지, 사력(死力)을 다하고 있는지, 항상 조심하며 겸손하게 행동하는지 생각해보라. 이렇게 실패의 원인들을 하나씩 개선해나간다면 서서히 성공의 길로 접어들게 될 것이다.

물론 말처럼 쉽지는 않다. 그렇지만 세상에 공짜가 어디 있겠는가? 스페인 속담에도 이런 말이 있다.

"신이 말하기를, 네가 원하는 것은 무엇이든 가져도 좋다. 단, 대가를 지불하라."

내가 원하는 성공을 얻기 위해서는 그에 합당한 대가를 치러야 한다.

지금 성공의 대가를 지불해보라.

해봤어?

　광화문에 볼 일이 있어 나갔다가 잠깐 서점에 들렀다. 이런 저런 책을 훑어보는데, 한쪽 벽면에 걸려 있는 현수막 문구가 눈에 들어온다. '지금 잠을 자는 사람은 꿈을 꾸지만, 지금 책을 읽는 사람은 꿈을 이룬다.' 갑자기 가슴이 뛰기 시작한다. 꿈은 언제 꿔야 할까?

　찰리 존스는 "꿈이란 잠에서 깨어나면 잊어버리는 그 무엇이 아니라 당신을 잠에서 깨어나게 만드는 그 무엇이다."라고 말했다. 40대여, 자신을 잠에서 깨어나게 만드는 꿈을 가져라.

　어찌 보면 지금까지의 내 인생은 실패로 얼룩진 삶이었다. 그럼에도 내가 아직 꿈꾸는 것은 '꿈꾸지 않는 자에게는 절망도 없다.'는 말에 동의하기 때문이요, 포기보다는 오기가 내 가슴에 더 사무치게 많기 때문이다. 또한 살아보니 가장 추운 때가 겨울이요, 가장 어두운 시간이 동트기 전이라는 것을 깨달았기 때문이다.

"살맛 나지 않는다."고 말하지 마라. 그런 말은 식인종들이 하는 말이다. "힘들어 죽겠다."고 말하지 마라. 힘들면 그저 힘을 빼면 된다. 말을 바꾸고 생각을 바꿔라. 내 마음에 전쟁(war)을 불러오는 말들(지겨워, 미워, 후회스러워, 두려워)을 사용하지 말고 내 마음을 따뜻하게 해주는 말들(사랑해, 감사해, 소중해, 함께해)을 사용하라. 성공도 실패도 모두 내가 어떤 말을 사용하느냐에 달려 있다. 운명을 바꾸고 싶으면 먼저 말을 바꿔야 한다.

나는 아직 성공한 사람은 아니다. 그럼에도 성공에 대해 하고 싶은 말은 '해가 있어야 해볼 수 있다.'는 것이다. 가슴속에 '해'가 있는 사람만이 도전할 수 있으며 가슴속에 해가 없으면 시도하지 않는다. 따라서 성공하고 싶다면 가슴속에 뜨거운 해를 지녀야 한다. 어둠을 헤치고 붉게 솟아오를 수 있는 불덩이 하나쯤 가슴에 품어야 한다.

해는 꿈이다. 해는 열정이다. 해는 가슴앓이다. 못 견디게 뜨겁고, 치열하게 달아오르고, 오금이 저리게 사무치는 것이다. 밤이면 어둠속에 숨어 있다가도 아침이면 새롭게 솟아오르는 희망이다.

진정으로 성공하고 싶다면 당신의 가슴속에 '해'를 가져라. 아침마다 신성한 의식처럼 '해돋이'를 맞이하라. 그리고 당신의 꿈을 이루기 위해 해보라. 박지성처럼 해보고, 강수진처럼 해보고, 조 지라드처럼 해보라. 실패하면 다시 해보고, 실패하면 다시 해보고, 그래도 실패하면 또다시 해보라!

어둠과 역경을 뚫고, 실패와 좌절을 넘어 해보고, 해보고, 또 해보라!

아침마다 내 가슴속에는 해가 솟아오른다. 나는 해보고, 해보고, 또 해볼 것이다. 그리고 성공 후에 이렇게 말할 것이다.
"나는 해봤다!"
당신의 가슴속에 아침마다 해가 솟아오르게 하라.

1. 성공을 열망하라.

스탠포드대학의 조사에서도 밝혀졌듯이, 성공을 향한 뜨거운 갈망이
성공의 핵심 요인이다. 하루 24시간 성공을 꿈꿔라.

2. 목표를 구체적으로 세워라.

계획을 세우지 않는 것은 실패를 계획하는 것과 같다. 성공하고 싶다
면 일, 주, 월, 연 단위로 구체적인 목표를 세워라.

3. 실패를 두려워하지 마라.

고흐는 이렇게 말했다. "아무것도 시도할 용기가 없다면 도대체 인생
이란 무엇이겠는가! 인생이란 도전이며 모험이라는 사실을 명심하고,
용기를 내어 과감하게 도전하라."

4. 남과 다르게 하라.

남과 똑같이 해서는 절대로 남보다 앞설 수 없다. 다른 사람들의 흉
내만 내지 말고 자신만의 분야, 노하우를 개척하라. 매일 스스로에게
질문하라. '남과 다르게 하고 있는가?'

5. 어제와 다른 방법으로 하라.

성장과 발전은 자기혁신에 달려 있다. 구태의연한 관행과 매너리즘에
빠지지 말고 스스로를 변화시켜라. 매일 스스로에게 질문하라. '어제
와 다른 방법으로 하고 있는가?'

6. 함께하라.

빨리 가려면 혼자 가고, 멀리 가려면 함께 가라는 말이 있다. 인생은 장거리 경주라는 사실을 명심하고 사람들과 협력하라. 매일 스스로에게 질문하라. '사람들과 함께하고 있는가?'

7. 변화를 잘 받아들여라.

나이가 들수록 새로운 변화에 적응하지 못하면 퇴보하기 마련이다. 성공하고 싶다면 다른 사람의 생각을 잘 받아들이고, 시대의 변화를 잘 받아들이고, 상황의 변화를 잘 받아들여라.

8. 돈과 시간, 건강을 잘 관리하라.

성공은 돈과 시간을 사용하는 방법에 의해 결정된다고 한다. 제한되어 있는 자원을 허투루 낭비하지 말고 현명하게 사용하라. 그리고 무엇보다 건강은 성공의 밑천이다. 평소에 잘 관리하라.

9. 희망의 길을 찾아 왕래하라.

희망은 길과 같아서 자주 왕래할수록 넓어진다. 고난에 부딪치더라도 비관과 절망에 빠지지 말고, 낙관과 희망의 길을 찾아 왕래하라.

10. 가치 있는 성공을 꿈꿔라.

성공을 이루었다고 행복해진다는 보장은 어디에도 없다. 내가 추구하는 성공이 진정한 행복을 가져다줄 수 있는지 고민하고, 항상 가치 있는 성공을 추구하라.

승리는 가장 많이 인내하는 자에게 주어지는 선물이다. - 나폴레옹

승자는 열심히 일하고, 열심히 놀고, 열심히 쉬지만, 패자는 허겁지겁 일하고, 빈둥빈둥 놀고, 흐지부지 쉰다. - J. 하비스

가장 높은 곳에 올라가려면 가장 낮은 곳부터 시작하라.
- 푸블리우스 시루스

성공한 사람이 될 수 있는데 왜 평범한 이에 머무르려 하는가?
- 베르톨트 브레히트

"그건 할 수 없어."라는 말을 들을 때마다 나는 성공이 가까웠음을 안다.
- 마이클 플래틀리

많은 사람들이 지식을 가지고 잠시 성공한다. 몇몇 사람들이 행동을 가지고 조금 더 오래 성공한다. 소수의 사람늘이 인격을 가지고 영원히 성공한다. - 존 맥스웰

성공의 비결은 결코 지치지 않는 인간으로 인생을 살아가는 것이다.
- 알버트 슈바이처

오직 한 가지 성공이 있을 뿐이다. 바로 자기 자신만의 방식으로 삶을 살아갈 수 있느냐이다. – 크리스토퍼 몰리

주머니에 손을 넣고 성공이란 사다리에 올라갈 수는 없다. – 미국 속담

내가 성공한 것은 최고의 조언에 진심으로 귀 기울인 후 그것에 얽매이지 않고 정반대를 행한 덕이다. – 길버트 체스터튼

명예롭지 못한 성공은 양념을 하지 않은 요리와 같은 것. 배고픔을 면하게 해주지만 맛은 없을 것이다. – 조 파테어노

눈을 들어 하늘을 올려다보는 사람에게 닿을 수 없을 정도로 높은 곳이란 없다. 만족하면서 살고, 때때로 웃으며, 많이 사랑한 사람이 성공한다.
– A. J. 스탠리 부인

part 3

행복하지 않은
시간도
행복하게 살아라

인생이
1년
남았다면

죽음은 두렵고 슬픈 일이다. 인생을 살아가며 가장 피하고 싶은 운명을 손꼽으라면 틀림없이 죽음일 것이다. 그러나 태어난 이상 누구도 죽음의 굴레에서 벗어날 수 없으며 사람은 반드시 흙으로 돌아가기 마련이다. 40대가 되니 나이 먹었다는 사실을 알려주는 일이 애경사의 횟수다. 젊었을 때는 경사(慶事)가 많더니 나이가 들수록 점점 애사(哀史)가 많아진다.

이처럼 40대에 접어들어 몇 차례의 사별을 겪다보니 인명은 재천(人命在天)이라는 말에 경외심을 갖게 되었다. 태어난 순서는 있지만 죽는 순서는 없다는 말처럼, 죽음은 남녀노소를 가리지 않으며, 아무런 예고 없이 불쑥 우리를 방문한다. 따라서 우리는 항상 죽음이라는 불청객을 맞이할 준비를 하며 살아야 한다. 내 인생은 나의 것이지만 내일은 나의 것이 아니기 때문이다. 나는 죽음에 관한 많은 명언 중 태양왕 루이 14세가 말한 "어찌 이리도 울고 불고들 하는고? 짐이 불사신이라도 되는 줄 알았더냐!"라는 말에 가장 호감이 간다. 프랑스 극작가 몰리에르는 "그렇게 긴 시간 동안에 우리는 단 한 번 죽는다."는 말로 죽음을 풍자하였다. 역시 죽음에 대한 두려움을 다소나마 완화시켜 주는 말이다.

몇 년 전, 미국에서 흥미로운 조사결과가 발표되었다. 1천 명의 사람들을 대상으로 "만약 가능하다면 언제 죽는지 알고 싶은가?"라는 설문조사를 실시했다. 그런데 놀랍게도 응답자의 96퍼센트가 알고 싶지 않다고 대답하였다. 미리 죽는 날짜를 알게 되면 두려움과 걱정에 사로잡혀 정상적인 생활을 영위하지 못할 것이라는 판단 때문이라고 한다. 그러나 알고 싶건, 알고 싶지 않건 분명한 점은 태어난 이상 한 번은 반드시 죽는다는 사실이다. 아울러 그 죽음이 몇백 년 후가 아니라 수십 년, 또는 수년 내에 벌어질 일이라는 점도 분명한 사실이다. 따라서 우리는 죽음을 망각하거나 회피해서는 안 되며 당당하게 직면해야 한다.

철학자 세네카는 "인간은 항상 시간이 모자란다고 불평을 하면서 마치 시간이 무한정 있는 것처럼 행동한다."고 말했다. 항상 죽음을 염두에 두고 살아야 인생을 낭비하지 않게 된다.

2008년 상영된 〈버킷 리스트〉라는 영화가 있다. 자동차 정비사(모건 프리먼)와 재벌 기업가(잭 니콜슨)가 암에 걸려 같은 병실에 입원하게 된다. 모건 프리먼은 무료한 병상 생활 속에서 대학 시절 철학 교수가 알려준 버킷 리스트를 틈틈이 작성해본다. 우연히 이 목록을 보게 된 잭 니콜슨도 함께 버킷 리스트를 작성한다. 그리곤 두 사람은 버킷 리스트에 적은 일들을 하나씩 실행에 옮기기 시작한다. 영화에서 소개된 버킷 리스트에는 다음과 같은 것들이 적혀 있다.

'세렝게티에서 사냥하기, 문신하기, 카레이싱과 스카이 다이빙하기, 눈물이 날 때까지 웃어보기, 가장 아름다운 소녀와 키스하기, 화장한 재를 인스턴트커피 깡통에 담아 경관 좋은 곳에 두기…….'

이 영화를 통해 우리가 깨달을 수 있는 최고의 지혜는 '죽음의 순간에 가장 후회되는 일은 해보고 싶었던 일들을 포기한 것'이라는 사실이다. 미국의 작가이자 탐험가인 존 고다드는 17살 때 127가지의 버킷 리스트를 작성하였다. 그리곤 1980년 우주항공사가 되어 달에 감으로써 그는 127가지의 목표를 모두 달성하였다.

최근에 나도 한 가지 목표를 달성하였다. 10대 후반부터 꿈꿔오던 울릉도와 독도 여행을 마침내 지난 주에 다녀온 것이다. 지금까지 20여 곳 이상의 나라를 여행했지만 정작 국내에 있는 울릉도, 독도는 내게 허락되지 않았다. 때로는 돈이 없었고, 때로는 시간이 없었고, 때로는 갑작스런 사정이 생겨 떠나지 못했다. 그럴수록 울릉도와 독도 여행은 나에게 더욱 간절한 버킷 리스트였고, 결국 30년의 기다림 끝에 꿈에 그리던 동쪽 끝 섬에 발을 디딜 수 있었다. 다행히 날씨도 쾌청하여 25분간 독도에 머물며 한껏 성취감을 누릴 수 있었다. 시쳇말로 죽어도 여한이 없다는 기쁨 속에, 죽을 때 후회할 일 중에 한 가지를 줄였다는 안도감을 느꼈다. 아마도 오랜 세월동안 간직해오던 버킷 리스트였기 때문에 그런 마음에 사로잡혔을 것이다.

우리는 하고 싶은 일을 하면서 살 권리가 있고, 또 그런 인생을 살도록 노력해야 한다. 특히 40대에 이르러서는 죽기 전에 꼭 해보고 싶은 버킷 리스트를 작성할 필요가 있다. 인정하고 싶지 않지만 이제 죽음은 나의 문제이며, 언제 어느 때라도 불청객처럼 찾아올 수 있기 때문이다. 듣지도, 보지도, 말하지도 못했던 장애를 극복하고 위대한 삶을 살다간 헬렌 켈러는 "인생이 3일 남았다면 무엇을 할 것인가?" 라는 기자들의 질문에 이렇게 대답했다.

"인생이 3일 남았다면 나는 내게 있는 것을 더 많이 나누고 싶다. 사람들을 더 많이 사랑하고 싶다. 하늘을 더 많이 찬양하고 싶다."

참으로 멋지고 아름다운 생각이다. 그러나 보통 사람들로서는 이렇게 철학적이고 도덕적인 계획보다는 보다 일상적이고 현실적인 목표를 세우는 것이 바람직할 것이다. 강의 중에 교육생들에게 '인생이 3일 남았다면 무엇을 할 것인가?' 라는 질문을 해보면 대부분 다음과 같이 대답한다.

- 여행을 간다.
- 맛있는 음식을 먹는다.
- 사랑한다는 말을 한다.

- 싸운 사람과 화해한다.
- 보고 싶은 사람을 찾아간다.
- 삶을 정리하는 마지막 일기를 쓴다.

인생이 3일 남았을 때 사람들의 버킷 리스트는 의외로 평범한 일들이다. 얼마 전 교육에 참석한 어떤 대학생은 "엄마를 꼬옥 끌어안고 지내겠다."고 대답해 잠시 마음이 뭉클해진 적도 있었다. 버킷 리스트를 작성해보는 것은 여러 가지 측면에서 매우 유용하고 의미 있는 일이다. 무엇보다 남은 인생 동안 어떻게 살아야 할지, 자신에게 가장 소중한 사람은 누구인지, 가장 소중한 일은 무엇인지 명확하게 깨달을 수 있기 때문이다.

자신만의 버킷 리스트를 만들어보라. 그리고 죽기 전까지 하고 싶은 일을 마음껏 해보며 살아보자. 그것이 후회 없는 인생을 사는 길이며, 후회 없는 죽음을 맞는 길이다.

행복하지 않은
시간도
행복하게 살아라

흔히 20대는 20킬로미터, 30대는 30킬로미터, 40대는 40킬로미터, 50대는 50킬로미터의 속도로 시간이 흘러간다고 말한다. 실제로 마흔이 되어보니 시간은 40킬로미터가 아니라 400킬로미터의 속도로 지나간다. 하루하루가 매우 빠르고 하루하루가 너무 아깝다. 그것이 40대의 시간이다.

우리는 미국 작가 찰리 존스의 "지금 있는 곳에서 행복할 수 없다면, 지금 있지 않은 곳에서도 행복할 수 없다."는 말을 명심해야 한다. 스위스의 한 노인이 자신의 80년 인생을 시간으로 환산하니 다음과 같았다.

잠자는 데 26년,

노동하는 데 21년,

식사하는 데 6년,

남이 약속 안 지켜서 기다린 시간 5년,

불안스럽게 혼자 낭비한 시간 5년,

담배 피우는 데 1년,

세면하는 데 228일,

넥타이 착용하는 데 18일,

아이들과 노는 데 26일,

가장 행복했던 시간은 46시간.

다른 사람들을 기다리느라 허비한 시간이 5년이나 된다니 정말 아까운 일이다. 그보다 더 놀라운 사실은 80년 동안 행복했던 시간이 불과 46시간밖에 되지 않는다는 사실이다. 존 레논의 말처럼 "인생이란 우리가 다른 계획을 세우느라 분주한 동안 슬그머니 일어나는 일"인지도 모르겠다. 이 수치가 너무 터무니없다고 생각되는가? 물론 시대적 차이도 있고 평균수명은 점점 더 늘어날 것이니 자연스레 행복한 시간도 늘어날 것이다. 그렇지만 역시 찰나의 시간에 불과하다.

독일의 시성 괴테도 "인생에서 행복했던 시간은 14시간이었다."라고 말했고, 나폴레옹 또한 "내 생애 행복했던 날은 6일밖에 없었다."며 한탄하였다. 이렇게 사람마다 차이는 있지만 분명한 것은 인생에서 행복한 시간은 그리 많지 않다는 사실이다.

흔히 인생은 고해(苦海)라고 한다. 행복한 순간보다 행복하지 않은 순간이 더 많다는 뜻일 것이다. 우리는 행복이라는 파랑새를 찾기 위해 분주히 돌아다니지만, 파랑새는 쉽게 발견되지 않는다. 설사 파랑새를 찾았다 해도 계속 품안에 붙잡아둘 수 있는 사람도 없어 보인다. 정작 가장 큰 문제는 파랑새를 찾기 위해 사용하는 시간이다. 대부분의 사람들이 내일의 행복을 위해 오늘을 희생한다.

그러나 스위스 노인, 괴테, 나폴레옹의 사례에서 알 수 있듯이 인생에서 행복한 시간은 찰나에 불과할 뿐이다. 게다가 미래에 반드시 파랑새를 찾을 수 있다는 보장도 없다. 따라서 우리는 '행복한 시간'만을 좇아서는 안 된다. 우리의 인생에서 훨씬 더 많은, 행복하지 않은 시간들을 행복하게 살기 위해 노력해야 한다.

영국의 사상가 러스킨은 "인생은 흘러가는 것이 아니라 채워지는 것이다. 우리는 하루하루를 보내는 것이 아니라 내가 가진 무엇으로 채워가는 것이다."라고 말하였다. '행복한 시간'을 기다리며 '행복하지 않은 시간'을 무의미하게 흘려보내지 마라. 인생을 100년으로 계산하면 40대는 아직 뜨거운 햇볕이 내리쬐는 성하(盛夏)의 계절이다.

행복하지 않은 시간도 행복하게 살아라. 미래가 아니라 현재에 살며, 내일이 아니라 지금이라는 시간을 행복하게 만들어라. 인생에서 '행복하지 않은 시간'을 소중히 채워가는 것, 그것이 바로 행복이다.

나의
행복지수는
몇 점일까?

　어느덧 성하(盛夏)의 계절이 가고, 천고마비의 계절이 돌아왔다. 따뜻한 커피 한 잔을 들고 책상 앞에 앉으니 작은 행복감에 젖어든다. 많은 재물이나 큰 명예는 갖고 있지 못하지만, 괴테의 "빛과 공기가 남아 있고, 친구와 사랑이 남아 있으면 절망할 일이 무엇이랴."라는 말에 위로와 용기를 얻는다. 다음은 무엇에 관한 점수일까?

- 한국 어린이 · 청소년의 평균 점수 65.9점.
- 한국 대학생의 평균 점수 56점.
- 한국 직장인은 평균 점수 65.2점.
- 한국 성인 남녀의 평균 점수 63.2점.
- 한국의 국가 순위 178개국 중 102위.

정답은 행복지수다. 조금 설명을 덧붙이자면 다음과 같다. 한국 어린이·청소년의 주관적 행복지수는 OECD 회원국 중 최하 점수다. 우리나라 대학생의 40퍼센트는 스스로의 삶에 대해 '행복하지 않다.'고 생각하는 반면에 스트레스 지수에서는 70점이라는 높은 수치를 나타내고 있다. 대한민국 직장인 중 자신의 삶을 행복하다고 느끼는 사람은 21.6퍼센트에 불과하다. 한국인의 행복지수는 OECD 회원국의 평균인 71.2점보다 8점 가량 낮으며 우리보다 경제력이 뒤처져 있는 남아프리카공화국·터키·페루 등과 비슷한 수준으로, 순위를 매기자면 58위에서 102위까지를 오르내린다. 2010년 기준, 한국은 하루 평균 43명의 사람들이 스스로 목숨을 끊는 자살률 세계 1위 국가다. 너무나 불행한 기록들이다.

사회적 평균이나 국가 순위는 그렇다 치고 나의 행복지수는 얼마나 될까? 영국의 여성 심리학자 캐럴 로스웰과 인생 상담사 피트 코언은 1천 명의 남녀를 상대로 일련의 실험을 진행한 후, 다음과 같은 행복지수를 산출했다.

$$행복(H) = P + (5 \times E) + (3 \times H)$$

P(Personal)는 가치관·태도 등 개인적 특성을, E(Existence)는 건강·돈 등 생존에 필요한 기본적인 요소를, H(Higher order)는 목표나 자존감 등 상위 욕구를 나타낸다. 먼저 아래 문항을 읽고 자신이

해당되는 정도를 0점(그렇지 않다)에서 10점(그렇다) 사이의 점수로 적어보라.

① 나는 외향적이고 변화에 유연하게 대처하는 편이다(P지수).
② 나는 긍정적이고, 우울하고 침체된 기분에서 비교적 빨리 벗어나며 스스로 잘 통제한다(P지수).
③ 나는 건강·돈·안전·자유 등 나의 조건에 만족한다(E지수).
④ 나는 가까운 사람들에게 도움을 청할 수 있고, 내 일에 몰두하는 편이며, 내가 세운 기대치를 달성하고 있다(H지수).

네 개 문항의 점수를 모두 적었다면 E지수의 점수에는 5를 곱하고 H지수의 점수에는 3을 곱한 뒤 1번부터 4번까지 합산하면 행복지수가 나온다. 예를 들어, ①번 문항이 7점 ②번이 8점 ③번이 7점 ④번이 6점이라면 행복지수는 $8+9+(7\times5)+(6\times3)=70$점이 된다. 만점은 100점이다.

필자의 행복지수를 구해보니 67점이라는 점수가 나온다. 평균보다는 2~4점 높으니 다행이라고 말할 수 있겠다. 그런데 과연 이 수치가 의미하는 것은 무엇일까? 행복지수가 67점이라는 것은 내가 섭씨 67도만큼 행복을 느낀다는 것일까? 또는 오늘 하루 중 67퍼센트에 해당되는 시간만큼 행복할 수 있다는 뜻일까? 그것도 아니면 앞으로 1년 동안 67퍼센트의 비율로 행복할 가능성이 있다는 말일까?

정답이 무엇이거나 결론은 한 가지다. 행복은 현재의 감정이요, 반면에 시간은 1초만 지나도 과거라는 사실이다. 행복지수는 과거에 느꼈던 감정들의 평균값에 불과하며 미래의 행복과는 무관하다. 현재 67점이라는 점수가 1주일 후에 77점이 될지, 아니면 57점이 될지는 그 누구도 모르는 일이며 1초 후 미래의 행복은 1초 후의 사건들, 그리고 거기에 대응하는 나의 감정에 의해 결정되기 때문이다. 따라서 행복지수가 높다고 방심할 일도 아니요, 행복지수가 낮다고 절망할 필요도 없다.

내일은 내일의 태양이 뜬다는 말처럼 과거의 행복지수는 잊어버리고 내일의 행복지수를 높이기 위해 노력해야 한다. 함께 '행복한 성공' 여행을 떠나기 전에 영국 시인 윌리엄 블레이크(William Blake)의 말을 기억해두자.

"대개 행복하게 지내는 자는 노력가이다."

행복
방정식
H=E+P+R

인생의 목적은 행복이다. 사람은 누구나 행복을 원하고, 행복을 추구한다. 40대가 되고 나이를 한 살 더 먹을수록 성공보다는 행복에 더욱 관심이 쏠리기 마련이다. 그런데 행복이란 무엇일까? 기쁨? 즐거움? 쾌락? 보람? 사랑? 사실 행복이라는 개념 자체에는 모호한 성격이 많이 내재되어 있다. 그런 이유로 학자들에 따라서는 주관적 안녕(subjective well-being)이라는 용어를 대신 사용하기도 한다. 아마도 행복하다고 느끼는 조건, 행복이라고 말하는 상태가 사람마다 다르기 때문일 것이다. 지금까지 내 인생에도 몇 차례의 행복, 또는 주관적 안녕이 있었다.

첫 번째 행복은 초등학교 2학년 1학기 때 찾아왔다. 당시까지 나는 한글을 익히지(예전에는 '한글을 떼다.' 라고 말하던 기억이 난다.) 못해

'나머지 공부'를 하기 일쑤였다. 그러던 어느 날, 뜻밖에도 받아쓰기 시험에서 만점을 받는 기적(?)이 일어났다. 선생님으로부터 도화지를 오려 만든 토끼 한 마리를 상품으로 받아들고, 나는 한걸음에 집으로 달려왔다. 마침 어머니는 마루에서 손님과 함께 이야기를 나누고 계셨다. 100점짜리 시험지와 토끼를 내밀자 어머니 얼굴에 활짝 웃음꽃이 피어났다. 상금으로 주신 50원을 손에 쥐고 동네 구멍가게로 뛰어가 알사탕을 사먹었다. 내 인생의 첫 번째 달콤한 순간이었다.

두 번째 행복은 고등학교 3학년 때 찾아왔다. 강원도 대관령에서 목동 생활을 해보자는 야심찬(?) 계획을 세운 나는 친구와 함께 강원도로 향했다. 춘천 시외버스터미널에 도착해 대관령으로 가는 버스표를 구입하려는데, 교복을 착용하지 않아 요금 할인이 안 된다고 했다. 아뿔싸! 우리는 방학 이틀 전에 무단결석을 하고 목장을 찾아 나선 길이었다. 춘천까지의 차비도 가까스로 마련한 상황이었기 때문에 성인표를 구입할 돈은 아예 없었다. 애절한 표정을 지으며 사정해봤지만 아무런 소용이 없었다. 결국 목동의 꿈을 포기한 우리는 경춘선 기차를 오르내리며 일주일 동안 무전여행을 하였다. 강촌, 가평, 청평, 대성리……. 먹을 것이라곤 설익은 밥과 신김치가 전부였지만 헤엄을 치고, 햇볕을 쬐고, 새로운 사람들과 어울리며 무엇보다 행복했던 순간이었다.

세 번째 행복은 아마도 대학 입학인 듯싶다. 군복무를 하며 주독야경(晝讀夜耕)의 노력 끝에 합격했기에 더욱 기쁨이 컸다. 네 번째는 다소 우습게 들릴 수도 있겠지만 운전면허증을 취득했을 때의 일로 기억한다. 예전에는 운전면허시험이 어려워 여러 번 탈락하는 사람도 많았다. 평소 운동신경이 부족했던 나로서는 걱정이 많았는데 다행히 첫 번째 시험에 덜컥 합격하였다. 아버지께 전화를 걸어 합격소식을 말씀드리니 반가운 목소리로 함께 기뻐해주셨다. 다섯 번째부터는 정확하게 기억이 나질 않는다. 입사시험 합격? 노동조합위원장 당선? 유럽 여행? 틀림없이 모두 기뻤을 것이다. 이외에도 아내와의 첫 만남, 딸과 아들의 출생, 가족이 처음으로 함께 간 중국여행 등도 행복했던 시간으로 떠오른다.

그러고 보니 나름대로 즐거운 일이 많았던 인생을 살아온 것 같다. 게다가 내가 행복을 느꼈던 시간이 스위스 노인의 46시간보다는 많으니 참 고마운 일이다. 그렇지만 내가 진정으로 행복을 느끼기 시작한 것은 2005년부터다. 사실 그 이전까지의 행복은 특별하게 찾아오는 경사(慶事), 또는 행운과 같은 수준이었다. 이를테면 합격, 당선, 당첨, 결혼, 출생, 여행과 같은 것들 말이다.

하지만 2005년부터의 행복은 일상적인 삶에서 느끼는 잔잔한 행복이었다. 그 당시 나는 2년 동안 매진한 사업에 크게 실패한 직후였지만 별다른 고통이나 불행을 느끼지 않았다. 네 잎 클로버의 꽃말은 행운이지만, 세 잎 클로버의 꽃말은 행복이라는 교훈처럼 나는 삶의 곳곳에서 행복을 발견할 수 있었다. "행복해서 웃는 게 아니라 웃으면 행복하다."는 말을 생각하며 행복했고, 실제로 내가 웃을 수 있다는 사실에 행복했다. 세끼 밥을 먹을 수 있다는 사실에 행복했고, 세상에서 가장 소중한 가족이 옆에 있다는 사실에 행복했다.

2005년, 나는 실패를 통해 행복에 눈떴고, 몇 가지 행복의 비결들을 깨달을 수 있었다. 행복은 주어지는 것이 아니라 선택하는 것이며 행복한 사람은 스스로 행복해지는 것을 선택했을 뿐이었다. 행복은 나중이 아니라 지금이다. 불확실한 내일을 위해 오늘의 행복을 희생하지 말아야 한다. 행복은 다른 사람과의 관계 속에서 찾아온다. 사랑하고, 사랑받고, 베풀고, 나누는 관계 속에서 행복이 생겨난다. 행복은 노력이다. 성공과 마찬가지로 행복을 위해서도 열심히 노력하는 것이 필요하다.

이런 원칙들을 바탕으로 나는 행복 방정식을 $H=E+P+R$이라고 정리하였다. H는 행복(Happiness), E는 노력(Effort), P는 긍정(Positive), R은 관계(Relationship)를 의미한다.

첫째, 행복한 삶을 위해서는 행복하기 위해 노력해야 한다. 어렵게 생각할 필요는 없다. 하루에 10분 이상 하늘을 바라보는 일, 점심을 먹고 산책을 즐기는 일, 좋아하는 음악을 듣는 일, 낮잠을 자는 일, 친구와 수다를 떠는 일 등 자신을 행복하게 만들어주는 일을 찾아 실천해야 한다.

둘째, 자신의 삶을 긍정적으로 생각하며 범사에 감사해야 한다. 스스로 행복하다고 믿지 않는 한 누구도 행복할 수 없다. 부족한 것보다는 가진 것들에 대해 감사하고, 비관보다는 낙관, 부정보다는 긍정할 줄 아는 사람만이 행복할 수 있다. 인생이라는 동전은 행복과 불행의 양면을 지니고 있다. 어느 쪽을 바라볼 것인지는 전적으로 우리의 선택에 달려 있다.

셋째, 가족 및 주변 사람들과 친밀한 관계를 형성해야 한다. 인생에서 가장 큰 행복의 하나는 누군가를 사랑하는 것, 그리고 누군가로부터 사랑받는 것이다. 지금 누군가를 사랑하지 않는 자는 스스로 행복해질 기회를 스스로 박탈하는 것이다. 디어도어 루빈은 다음과 같이 말했다.

"행복은 입맞춤과 같다. 행복을 얻기 위해서는 누군가에게 행복을 주어야만 한다."

인생은 짧고 행복은 더더욱 짧다. 지금, 오늘의 행복을 위해 노력하라. 아침에 눈을 뜨면 살아 있다는 사실에 감사하고, 저녁이면 편안한 잠자리에 감사하라. 행운을 바라지 말고, 일상생활에서 작은 행복을 실천하고 누려라. 가족과 주변 사람들을 소중하게 대하고 사랑과 애정을 주고받아라. '행복이란 손 닿는 곳에 있는 꽃들로 꽃다발을 만드는 솜씨'라는 사실을 잊지 말자.

행성지수를
높여라

세월이 너무 빠르다. 〈서른 즈음에〉라는 김광석의 노래에 "내가 떠나보낸 것도 아닌데, 내가 떠나온 것도 아닌데~"라는 가사가 나온다. 청춘 역시 마찬가지다. 내가 떠나보낸 것도, 스스로 떠나온 것도 아닌데 아스라이 멀어져갔다. 기왕지사 흘러간 과거는 어쩔 수 없는 일, 남은 인생이라도 열심히 잘 살아야 한다. 미국 링컨대학에서 5만 명의 학생에게 다음과 같이 질문하였다.

"아버지와 TV 중 어느 한쪽을 선택해야 한다면?"

결과는 어떻게 나왔을까? 68퍼센트의 학생이 아버지가 아닌 TV를 선택하였다. 같은 아버지의 입장으로서 너무 참담한 결과지만, 그 또한 사필귀정이다. 대한민국 아버지 10명 중 3명이 일주일에 2시간 미만의 시간을 자녀와 함께 보낸다고 한다. 그러니 무슨 변명이 필요하라! 행복가족재단의 설문조사에 의하면 대한민국 아버지의 평균 점수는 56점이다. '자녀가 고민이 생길 경우 가장 먼저 나와 의논한다.'는 설문에 아버지의 50.8퍼센트는 '그렇다.'고 대답했다. 그렇지만 자녀들의 응답은 4퍼센트에 불과했다.

40, 50대 사망률 세계 1위라는 척박한 환경 속에서도 가족을 위해 꿋꿋하게 버텨온 아버지들의 자존심을 한순간에 무너뜨리는 조사 결과다. 과연 이 시대의 40대는 무엇을, 어떻게 하며 살아야 할까? 만사 제쳐놓고 잠시 진지하게 고민해볼 일이다. 먼저 나는 몇 점짜리 부모, 배우자인지 점검해보자. A4용지 두 장과 볼펜을 준비하라. 그리고 첫 번째 종이에 다음 질문에 대한 점수를 0점에서 100점 사이에서 적어보라.

① 내가 평가하는 '나의 인생'은 몇 점인가?
② 내가 평가하는 '나'라는 사람은 몇 점인가?
③ 사람들이 평가하는 '나'라는 사람은 몇 점이라 생각하는가?

각각의 점수를 적었다면 3가지 점수를 모두 합산하라. 몇 점이 나오는가? 나는 이 수치를 행성(행복한 성공)지수라고 부른다. 행성지수가 250점 이상이면 충분히 성공과 행복을 경험하고 있는 사람이다. 210~240점 사이는 성공과 행복에 약간 떨어져 있는 상태고, 150~200점 사이의 점수는 성공과 행복에 매우 멀어져 있는 상태다.

만약 행성지수가 140점 이하로 나온다면 틀림없이 큰 실패와 심한 불행을 겪고 있는 사람일 것이다. 평균적인 사람의 행성지수는 200점 내외를 나타낸다.

그런데 행성지수를 측정하다보면 재미있는 현상이 한 가지 발견된다. 대부분 ②번 항목의 점수보다 ③번 항목의 점수가 높게 나타난다는 사실이다. 실제로 100명의 사람들을 대상으로 측정해본 결과 ③번 항목의 점수가 ②번 항목보다 평균 8.5점 높은 것으로 조사되었다. 이 현상을 어떻게 이해해야 할까? 과연 '나'라는 존재는 내가 생각하는 것보다 타인의 눈에 훨씬 더 긍정적으로 보이고 있는 것일까? 조금 더 과학적인 분석을 위해 이번에는 다음과 같은 방법으로 질문을 구체화해보았다. 여러분도 두 번째 종이에 다음과 같은 내용의 질문에 대한 답을 적어보도록 하자.

① 지금 당신은 '인생'이란 이름의 배를 타고 여행을 출발할 것이다. 승선 가능한 인원은 총 11명이기 때문에 당신을 제외하고 10명까지만 추가로 배에 오를 수 있다. 이제 당신이 동행하고 싶은 탑승자 명단을 작성해보라. 가족, 친구, 직장동료, 사회인맥을 유형별로 한 명 이상 포함시키되 부득이한 상황이 있거나 탑승을 원치 않는 경우 제외해도 무방하다.

② 10명의 이름을 모두 적었다면 조금 전에 대답한 행성지수의 세

번째 질문 '사람들이 평가하는 '나'라는 사람은 몇 점이라 생각되는가?'에 대해 다시 한 번 생각해보고 10명의 이름 옆에 상대방이 나에 대해 평가할 것이라고 예상하는 점수를 적어라.

③ 10명의 점수를 모두 적었다면 그 점수를 합산하여 평균값을 구하라. 예를 들어 10명의 점수를 합한 수치가 720점이었다면 평균은 72점이 될 것이다.

이런 방법으로 구체적인 10명의 이름을 적고 자신에 대한 평가 점수의 평균값을 구해, 행성지수 ③번 항목의 점수와 얼만큼 차이가 있었는지 조사해보니, 이렇게 측정된 점수는 ③번 항목의 점수보다 평균 10점 이상 낮았으며, ②번 항목의 점수보다도 훨씬 낮은 점수를 기록하였다. 다시 말해서 타인이 자신을 긍정적으로 평가할 것이라는 예상점수가 구체적인 인간관계를 통해 실제로 측정해보면 매우 낮아진다는 것이다. 역시 인간관계는 내 마음과 같지 않은 법이다. 며칠 전, 대학에 다니는 딸에게 물어보니 아빠로서의 내 점수는 70점에 불과하였다. 정말 억울하다. 내가 예상했던 점수는 90점이었다.

사람은 관계 속에서 살아간다. 그리고 원하던 원하지 않던 인간관계 속에는 서로에 대한 공개적이고 암묵적 평가가 생겨난다. 보통 다음과 같은 표현들이다.

- 나는 몇 점짜리 아빠(엄마)인가?
- 나는 몇 점짜리 남편(아내)인가?
- 나는 몇 점짜리 아들(딸)인가?
- 나는 몇 점짜리 사장(직원)인가?
- 나는 몇 점짜리 상사(동료, 부하)인가?

처음에 설명한 것처럼 행성지수는 인생에 대한 만족도, 자신에 대한 만족도, 그리고 인간관계에 대한 만족도에 의해 결정된다. 3가지 요소 모두 행복한 성공을 이룰 때 매우 중요하게 작용한다. 다만, 여기서 강조하고자 하는 사항은 나에 대한 타인들의 평가는 예상 점수와 실제 점수 사이에 큰 간격이 존재할 수 있다는 사실을 말하고 싶은 것이다. 인간관계에서 이 점수의 차이를 인식하지 못하면 바람직한 관계를 형성하는 데 어려움이 생긴다. 마치 4점짜리 아빠가 자신을 50.8점짜리 아빠라고 착각하며 살아가는 것과 마찬가지다.

자신이 100점이 아닌 56점짜리 아빠에 불과하다는 사실을 깨달아야 친밀한 관계를 형성하기 위해 더욱 더 많은 노력을 기울이게 된다. 아울러 '나'에 대한 사람들의 평가점수가 높아질수록 성공과 행복에 가까워진다는 사실은 두말할 필요도 없다. 100점짜리 아빠, 100점짜리 아들, 100점짜리 남편……. 생각만 해도 가슴이 뿌듯해지는 일이다.

지금 당신은 몇 점인가? '인생의 배'에 탑승할 10명의 이름을 적어라. 그런 다음 그 사람들이 나에 대해 어떻게 평가하고 있는지 점수를 적어보아라. 그리고 그 점수를 높이기 위해 적극적인 노력을 기울여라. 그것이 인생에서 행복한 성공에 한 걸음 가깝게 다가가는 지름길이다.

생각을
갈아
입어라

　얼마 전, 아내와 함께 강원도에 다녀왔다. 속초에 저녁 강의가 있어 낮 시간 동안 설악산 단풍구경을 계획한 것이다. 아침 일찍 출발하여 오색약수터가 있는 주전골을 향해 차를 몰던 중, 점심시간이 되어 한계령 휴게소로 들어섰다. 산채비빔밥을 맛있게 먹고 테라스 의자에 앉아 커피를 마셨다.

　따사로운 햇볕을 쬐며 멀리 울긋불긋 물들어가는 설악산을 바라보니 한없는 행복감이 밀려든다. 만약 누군가 인생의 목적을 물어본다면 나는 주저 없이 '여행'이라고 대답할 것이다. 내가 생각하는 인생의 목적은 도전이요, 모험이다. 그것도 무언가를 얻기 위한 것이 아니라, 단지 체험하고 느끼기 위한······.

내려갈 때 보았네.

올라갈 때 못 본

그 꽃

    고은 시인의 〈그 꽃〉의 전문이다. 산행을 할 때 정상만 바라보고 올라가면 등산로 주변에 있는 꽃과 나무, 아름다운 풍경들을 놓치게 된다. 인생에서의 행복도 마찬가지다. 성공이라는 목표에만 집착하지 말고 도착하기까지의 과정을 즐겨야 행복을 얻을 수 있다. 미국에서 성공한 CEO들을 대상으로 성공과 행복의 상관관계를 조사하였다. 그 결과 'CEO로 성공해서 행복해졌다.'고 대답한 사람은 37퍼센트에 불과했고 나머지 63퍼센트의 사람들은 '행복하게 살았더니 성공하게 되었다.'고 대답하였다. 행복은 성공을 통해 얻어진다기보다는 하루하루를 행복하게 사는 것이 성공의 비결이라는 사실을 말해주고 있다. 즉, 성공하면 행복해지는 것이 아니라 행복하게 살면 성공하는 것이다.

    리처드 바크의 소설 《갈매기의 꿈》에 보면 '가장 높이 나는 새가 가장 멀리 본다.'는 말이 나온다. 20대나 30대에는 당연한 말일 것이다. 청운의 꿈을 품고 멀리, 높이 바라볼 필요가 있다. 그렇지만 40대가 되면 높이, 멀리 보는 것보다는 낮게 자세히 보는 것이 더욱 중요하다.

    "눈을 떠라! 행복의 열쇠는 어디에나 떨어져 있다. 기웃거리기 전에 먼저 마음의 눈을 닦아라!"는 앤드루 카네기의 말처럼 행복은 먼 산의 꼭대기에 있는 것이 아니라 가까운 등산로 여기저기에 흩어져 있기 때문이다. 높게 멀리만 바라봐서는 지금 내 주변에 있는 행복의 꽃을 발견할 수 없다. 그런데 과연 행복은 인생의 절대적인 목적인 것일까? 미국 코넬대 연구팀은 2,699명의 직장인을 대상으로 다음과 같은 2가지 조건 중 어떤 일자리를 선택할 것인지 조사하였다.

① 하루 6시간밖에 못 자고 덜 행복한, 연봉 14만 달러의 일자리
② 하루 7.5시간 잘 수 있고 근무 시간도 합리적인, 연봉 8만 달러의 일자리

설문 결과 응답자의 대부분은 ①을 선택했다. 여가가 많고 보수가 적은 일자리를 선택하면 자신은 행복하지만, 많은 연봉을 주는 일자리를 선택하면 가족들이 행복하다는 것이 주된 이유였다. '자신의 선택과 행복 사이에 불일치가 있으면 후회하겠느냐?'는 또 다른 질문에 대해서는 응답자의 23퍼센트가 '그렇다.'고 대답했으며 70퍼센트는 '아니다.'라고 답했다. 자신의 선택이 잘못된 것이라는 답변은 7퍼센트에 불과했다.

연구팀은 조사결과에 대해 다음과 같이 설명하고 있다. "사람들은 자신의 행복을 가장 우선적인 목표로 추구한다고 생각하지만 실제로는 그렇지 않다. 대다수의 사람들은 가족, 사회적 기여 등 다른 중요

한 목표를 위해 기꺼이 자신의 행복을 희생한다." 물론 여기에도 논란의 여지가 있다. 타인을 위해 자신을 희생하는 것이 궁극적으로는 본인의 행복을 위한 행동이라는 주장이다. 마치 타인에게 자선을 베푸는 일이 스스로의 자존감을 충족시키고, 도덕적 죄책감에서 벗어나기 위한 이기적 행동일 뿐이라는 냉정한 해석과 마찬가지다. 그렇지만 그것은 '행복을 희생하여 행복해진다.'는 논리적 모순을 낳을 뿐이며, 불행 속에서 느끼는 다소간의 정신적 위로를 진정한 행복이라고 말하기는 어려울 것이다.

행복이 인생의 궁극적 목적인지와는 별개로 행복에 관한 사회적 통념을 무너뜨리는 조사 결과들도 여럿 존재한다. 예일대학의 준 그루버 교수와 그 연구팀은 1920년대에 태어난 사람들의 인생 경로를 추적 조사한 후, 과도하게 행복감을 느끼거나 억지로 행복을 추구하는 사람들이 조용하고 내성적인 사람보다 수명이 짧다고 주장하였다. 연구팀의 조사에 의하면 학창 시절 '즐겁고 활발함'이라고 기록된 아이보다 '내성적'이라는 평가를 받은 아이들이 더 장수하는 경향을 나타냈다. 연구팀은 이와 같은 현상에 대해, 삶에 대한 낙관적인 태도를 가진 사람들은 조심성이 결여돼 과속이나 약물 남용 같은 위험에 더 많이 노출되고, 철저하게 노후대비를 하지 못하기 때문이라고 설명했다.

예일대학, 덴버대학, 이스라엘 히브리대학의 공동 연구진은 '행복이 불행을 불러올 수 있는 유형'이라는 실험 결과를 발표하였다. 먼저 실험 참가자들을 A와 B, 두 그룹으로 나눈 후 A그룹은 행복의 가치에 관련된 기사를, B그룹은 행복과 무관한 기사를 읽게 만들었다. 그다음 두 그룹을 대상으로 마음이 따뜻해지는 가족 간의 사랑과 행복을 다룬 영화를 보게 하였다. 그 결과 B그룹의 사람들은 큰 감동을 받았지만, A그룹의 사람들은 특별한 감정을 느끼지 못하였다. 연구팀은 이 결과를 토대로 지나치게 행복을 기대하거나, 어떤 일을 하는 목적을 행복에서만 찾으려고 하면 정반대로 불행에 이를 수 있다고 주장하였다.

즉, 매일 긍정적인 생각을 통해 행복해지려는 노력이 오히려 더 큰 실망감을 불러오며 행복의 장애물로 작용할 수 있다는 것이다. 연구팀이 내린 최종 결론은 '행복의 비결은 행복해져야 한다는 지나친 압박감에서 벗어나는 것'이었다. "행복을 수중에 넣는 유일한 방법은 행복 그 자체를 인생의 목적으로 삼지 말고 행복 이외의 어떤 다른 것을 인생의 목적으로 삼는 일이다."라는 존 스튜어트 밀의 말과 일맥상통하는 설명일 것이다.

인생에서 참다운 행복을 누리려면 행복에 대한 관점을 바꿔야 한다. 첫째, 성공하면 행복해지는 것이 아니라 행복하게 살면 성공하는 것이다. 둘째, 성공이라는 목표를 향해 높게 멀리만 바라보지 말고 지금 내 주변에 있는 행복을 넓게 자세히 둘러봐야 한다. 셋째, 행복만을 최고 목표로 생각하지 말고, 다른 일에 관심과 열정을 기울여야 한다. 이렇게 행복에 대한 관점을 바꿀 때 우리는 더욱 행복에 가까워질 수 있다.

　언젠가 인터넷에서 '어제와 오늘 사이에 밤이 있는 이유는 생각의 옷을 갈아입으라는 뜻'이라는 글귀를 본 적이 있다. 가을이 되면 나무들은 잎을 떨구고 새로운 봄을 준비한다. 우리 역시 불혹의 나이가 되면 생각의 옷을 갈아입고 새로운 계절을 준비해야 한다.

　지금 생각을 갈아입어라. 행복은 높게 보는 것이 아니라 넓게 보는 것이다.

'날'
잡아서
행복하라

오늘은 무슨 날일까? 지나간 인생의 마지막 날이요, 남은 인생의 첫 번째 날이다. 또한 어제 죽은 이가 그토록 간절히 원하던 내일이다. 그러고 보면 인생에서 가장 중요한 것은 '나', 그리고 '날'이다. 이 2가지를 소중하게 다루는 사람만이 진정한 행복을 얻을 수 있다. 1980년대에 그룹 들국화가 불러 인기를 모은 노래 중에 〈사노라면〉이 있다. 한동안 구전가요를 리메이크한 것으로 알려졌는데 얼마 전에야 원곡의 출처가 밝혀졌다.

이 노래는 유명 작곡가 길옥윤이 곡을 만들고, 김문응이 노랫말을 쓰고, 당대의 인기가수였던 쟈니 리가 처음 불렀다고 한다. 그런데 이렇게 유명 음악인들이 만든 노래가 어떻게 구전가요로 여겨질 만큼 사람들의 기억 속에서 완전히 사라졌을까? 먼저 가사를 살펴보자.

사노라면 언젠가는 밝은 날도 오겠지.

흐린 날도 날이 새면 해가 뜨지 않더냐.

새파랗게 젊다는 게 한밑천인데.

쩨쩨하게 굴지 말고 가슴을 쫙 펴라.

내일은 해가 뜬다. 내일은 해가 뜬다.

이 노래가 발표된 1966년은 박정희 대통령이 무력에 의해 정권을 잡은 집권 초반기에 해당된다. 이 당시, 군사정권의 강압적인 규제 아래 수많은 노래들이 금지곡으로 지정되었는데 〈사노라면〉 또한 첫 음반이 출시되고 얼마 지나지 않아 방송 금지 조치가 취해졌다. 그 이유는 단 하나, 노래 제목이 현실을 부정하는 내용이라는 것이었다. 이를테면 "왜 오늘 해가 뜨지 않고 내일 해가 뜨냐?"는 것이다. 지금 생각해보면 어이없는 논리지만 그때만 해도 이와 같은 일들이 부지기수로 일어났다. 다행히 1980년대 들어 〈사노라면〉은 전 국민의 애창곡으로 자리잡았으니 '언젠가는 밝은 날도 오겠지.' 라는 가사가 정확하게 맞아떨어진 셈이다.

한때는 금지곡이었지만 다시금 대중의 사랑을 받게 된 노래들처럼, 우리 인생에도 언젠가는 밝은 날이 오리라는 것을 믿어야 한다. 오늘은 비록 흐리지만 내일은 해가 뜰 것이라는 믿음으로 가슴을 쫙 펴고 살아야 한다. 그리고 한 가지 더, 행복을 위해 반드시 실천해야 할 일이 있다. 사회생활을 하다보면 종종 이런 말을 하는 상황이 생겨난다.

"날 잡아서 한 번 보자.", "날 잡아서 밥이나 한 번 먹자." 그런데 이런 말들은 대부분 공수표, 인사치레로 끝나버린다. 그렇다고 인간관계에 큰 문제가 발생하는 것은 아니지만 행복한 삶을 위해서는 이런 추상적인 태도를 버려야 한다. 언젠가는 해가 뜰 것이라는 희망, 동시에 구체적인 날짜를 정해 계획성 있게 사는 습관이 행복한 삶을 만들어준다. 내 경우에는 한 달에 '일곱 개의 날'이 정해져 있다.

① 나의 날(푸른고래의 날) : 매월 1일. 이날은 온전하게 나 자신만을 위해 사는 날이다. 느긋하게 휴식을 취하며, 재밌는 영화를 보거나, 맛있는 음식을 먹는다. 좋아하는 음악을 듣고, 나 자신을 위해 작은 선물이나 이벤트를 준비한다. 이날만큼은 하루 24시간을 자신을 위해 살려고 노력한다.

② 부모님의 날(어버이날) : 매월 8일. 부모님의 은혜에 보답하는 날이다. 어버이날이 5월 8일이기 때문에 동일한 날짜로 정했다. 매일 저녁 7시에 문안전화를 드리고 매주 일요일에 부모님 댁을 찾아뵙되, 8일이 되면 작은 효도 한 가지라도 더 실천할 수 있도록 노력한다.

③ 나눔의 날(봉사의 날) : 매월 10일. 내가 가진 것을 타인과 나누는 날이다. 5년 전에 시작한 청경장학회 정기모임에 맞춰 같은 날짜로 정했다. 받기보다는 베푸는 삶, 조금이라도 사회에 기여하고 봉사하는 삶을 살기 위해 노력한다.

④ 가족의 날(딸과 아들의 날) : 매월 15일. 사랑하는 아내, 딸과 아들을 위해 사는 날이다. 바쁜 일상에 쫓기다보면 하루에 얼굴 한 번 제대로 보지 못하고 사는 것이 현실이다. 15일이 되면 가족에 대한 일체감을 높이고, 조금이라도 깊은 대화를 나누며, 즐거운 체험을 공유하기 위해 노력한다. 아이들이 아직 어리다면 어린이날에 맞춰 5일로 정하는 것도 좋은 방법이다.

⑤ 벗의 날(관계의 날) : 매월 21일. 사람들과 좋은 인연을 맺기 위해 노력하는 날이다. 둘이 만나 하나가 된다는 뜻에서 21일로 정했다. 벗의 날이 되면 전화나 문자로 소식을 주고받고, 직접 만나 정을 나눈다. 옛 사람들을 소중하게 생각하고, 새로운 사람들과의 교류를 즐기려 노력한다.

⑥ 아내의 날(부부의 날) : 매월 26일. 아내를 여왕처럼 모시기 위해 노력하는 날이다. 법적으로 정해진 부부의 날은 매년 5월 21일이지만 나는 결혼기념일에 맞춰 26일로 정했다. 돈이 있으면 있는 대로, 돈이 없으면 시간과 마음으로나마 따뜻한 사랑을 나누기 위해 노력한다.

⑦ 명상의 날(침묵의 날) : 매월 28일. 인생과 나 자신에 대해 성찰하는 날이다. 매월 마지막 날로 정하려다 2월을 고려해 28일로 정하였다. 가능한 한 말을 하지 않고 침묵 속에 지내며, 명상을 통해 반성과 수양의 시간이 되도록 노력한다.

우리나라 달력을 살펴보면 1년 365일 중에 대략 70~80일 정도가 특정한 날에 해당된다. 어린이날, 어버이날, 스승의 날, 성년의 날, 국군의 날, 경찰의 날 등……

이 모두가 번잡하고 쓸데없다고 느껴질 수도 있지만 다른 한편으로 생각해보면 불가피한 측면이 존재한다. 바쁘디 바쁜 일상에서 잠시라도 사람들의 관심과 주목을 끌어보려는 노력이니 굳이 탓하기도 어렵다. 설령 어버이날이나 어린이날을 없앤다고, 1년 365일 매일같이 효도와 사랑을 실천할 것이라 기대하기도 어려운 일이다. 그러니 하루라도 기념일로 정하여 제대로 축하하고, 올바른 역할을 다하려 노력하는 것이 보다 현명한 일이다.

자신에게 가장 소중한 대상, 가장 중요한 가치에 대해 매월 하루를 기념일로 정하라. 그리고 그날만큼은 최선을 다해 관심과 정성을 기울여라.

'날' 잡아서 실천하는 것, 그것이 올바른 삶과 행복한 인생의 비결이다.

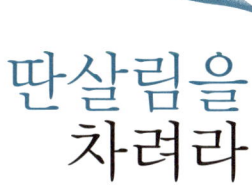

딴살림을
차려라

페이스북에 올라온 글을 훑어보는데 '지못살'이라는 단어가 눈에
들어온다. 지켜주지 못해 미안하다는 뜻의 '지못미'는 들어보았지만
'지못살'이라는 말은 처음 보았다. 무슨 뜻인가 검색해보니 '지고는
못 살아.'라는 말의 축약어다. TV에서 방영되었던 드라마 제목인데,
변호사 부부의 이혼소송을 둘러싸고 벌어지는 해프닝을 다룬 내용이
라 한다. 마침 목요일이라 저녁을 먹은 후, 채널을 돌려보았다. 문득,
다음 질문에 대한 해답이 궁금했기 때문이다.

'부부관계에서 지고 못 살면 어떻게 할 수 있을까?'

드라마 내용은 그럭저럭 실감나고 경쾌했다. 작은 일에 상처받고,
서로에 대해 오해하고, 점점 더 갈등이 증폭되는 부부관계 또한 현실
의 모습과 다를 바 없었다. 주인공들은 서로 사랑하면서도, 서로 원망

하는 2가지 감정 속에서 살고 있었다. 그런데 그중에서 내 눈길을 사로잡은 것은 아내 이은재 변호사(최지우)의 변론이었다. 극중에서 남편 연형우 변호사(윤상현)는 헤어진 옛 애인과 2년이 넘게 메일을 주고받는다. 물론 변호사와 의뢰인 관계의 편지였지만 아내의 입장에서 볼 때는 도저히 묵과할 수 없는 일인 것이다.

"상대가 누군지, 아기 엄마인지 아닌지가 중요한 게 아냐. 중요한 것은 서로 주고받은 내용이지. 가장 가까이 있는 사람에게도 하지 않는 말을 다른 사람에게 털어놓고 있다는 사실, 그것도 아주 친밀하고 다정스런 말투와 함께 말이야."

과연 부부관계에서는 어느 정도까지 '딴살림'이 용인될 수 있을까? 바람을 피우는 '딴살림'을 말하는 것이 아니다. 배우자와 공유하지 않는 자신만의 개인적인 삶의 공간을 의미하는 것이다. 이를테면 나는 아내 몰래 딴살림을 차리고 있다. 그렇다고 특별히 대단한 일은 아니다. 그동안 수입의 전부를 아내에게 넘겨주고 용돈을 받아썼는데, 작년쯤부터 왠지 허전함이 느껴지기 시작했다. 그래서 아내가 모르는 비밀 통장을 하나 만들어 자투리 돈을 저금하기 시작했다. 그래봤자 금액도 뻔하고, 어차피 집안에 긴급한 일이 생기면 사용할 돈이지만 그래도 마음 한구석이 든든해지는 것을 느낄 수 있었다.

그런데 가만히 생각해보니 딴살림이 꼭 비밀 통장만은 아닌 듯싶다. 직장생활을 할 때는 특별 보너스를 내 주머니 속으로 직행시킨 적도 있었다. 고등학교 친구를 만나면 아내에게 말하기 힘든 이야기가 술술 흘러나온다. 때로는 비슷한 고민들을 트위터나 페이스북에 올리기도 한다. 어떤 날은 아내 모르게 혼자 술을 마셔본 적도 있고, 어떤 날은 아내 모르게 바닷가 백사장에 앉아 상념에 젖어본 적도 있었다. 아마도 아내는 내가 딴살림을 하고 있는지 몰랐을 것이다. 혹시 알고 있으면서도 모른 척했던 것일까?

레바논의 소설가이자 사상가인 칼릴 지브란은 사랑과 결혼에 대해 이렇게 말했다.

서로 사랑하라.
그러나 사랑으로 구속하지는 마라.
그보다 너희 혼과 혼의 두 언덕 사이에 출렁이는 바다를 놓아두어라.

함께 노래하고 춤추며 즐거워하되 서로는 혼자 있게 하라.
마치 현악기의 줄들이 하나의 음악을 울릴지라도 줄은 서로 혼자이듯이.

함께 서 있으라. 그러나 너무 가까이 서 있지는 마라.
사원의 기둥들도 서로 떨어져 있고
참나무와 삼나무는 서로의 그늘 속에선 자랄 수 없다.

40대가 되면 자신만을 위한 딴살림을 차릴 필요가 있다. 음악을 좋아하는 사람은 음악을 듣고, 산을 좋아하는 사람은 산에 오르고, 책을 좋아하는 사람은 서점에서 책을 사는 것이다. 때로는 자신이 좋아하는 음식을 먹고, 자신을 위한 선물을 고르고, 훌쩍 혼자 여행을 떠나는 것이다. 배우자나 가족을 위해 헌신하는 것은 숭고한 일이지만, 그것이 무조건적인 희생으로 끝나서는 곤란하다. 자칫 잘못하면 '누가 그렇게 살라고 했어?' 라는 말이 가슴에 비수처럼 꽂힐 수도 있기 때문이다. 그러므로 인생의 일부는 자신만을 위한 딴살림을 차려볼 필요가 있다. 아빠나 엄마, 남편이나 아내로서가 아니라 자기 자신의 인생을 살아야 한다.

지금 자신만을 위한 딴살림을 차려보자. '누구는 이렇게 살고 싶었는 줄 알아?' 라고 말하지 말고 하루에 한 시간쯤 딴살림을 차려라. 노르웨이 극작가 입센은 이렇게 말했다. '성공적으로 산다는 것은 자기 자신이 되는 것이다.'

종이편지를
써보자

명절이 되어 온 가족이 한자리에 모였다. 조상들께 차례를 올리고 식사를 하던 중, 몇 달 전 군에 입대한 조카의 소식이 궁금해 형수님께 여쭈어보았다.

"편지는 자주 오나요?"

"신병훈련 때 한 번 오고, 다음부터는 가끔 메일만 보내요."

일요일이면 전 소대원이 내무반에 모여 '부모님 전상서'로 시작되는 편지를 쓰던 일, 연말연시가 되면 학생들의 위문편지를 읽으며 흐뭇해하던 일이 엊그제 같은데, 세월이 흐르면서 군대의 편지 문화도 많이 달라졌다는 사실을 실감할 수 있었다. 아마도 지금은 편지보다는 메일, 메일보다는 문자 시대일 것이다. 나 또한 마지막으로 종이편지를 써본 것이 20년 전의 일로 기억하고 있다. 이제 40대를 지내며 다시 해보고 싶은 일이 있다면 누군가에게 밤새워 편지를 써보는 것이다. 사실 며칠 전 20주년 결혼기념일에는 처음으로 아내에게 A4용지 두 장 분량의 편지를 쓰기도 하였다.

편지(便紙)는 안부, 소식, 용무 따위를 적어 보내는 글이다. 아마도 인류의 역사만큼이나 편지의 역사도 오래되었을 것이다. 현존하는 가장 오래된 편지는 AD 100년경에 쓰인 것이다. 로마시대 펠릭스 요새 사령관의 부인 클라우디아 세베라가 친구 술피키아 레피디나를 생일 파티에 초대하기 위해 보낸 편지인데 다음과 같이 적혀 있다.

"레피디나, 9월 11일에 네가 우리집에 와서 내 생일을 축하해주기를 진심으로 바라고 있어. 그날 네가 와준다면 너무나 기쁘고 행복할 거야."

무려 2천 년 전이지만 그때나 지금이나 편지의 내용은 별반 다를 게 없어 보인다. 세상에서 가장 짧은 편지는 위대한 문호 빅토르 위고와 출판업자 허스트가 주고받은 편지다. 빅토르 위고는 '?' 라는 물음표 하나만 달랑 적혀 있는 편지를 보냈고, 허스트는 '!' 느낌표 하나를 적어 답장을 보냈다. '이번에 출간한 책 반응이 어떤가?' 라는 위고의 편지에 '매우 좋다. 잘 팔리고 있어!' 라는 뜻의 답장으로 알려져 있다.

이를 모방한 것인지 일본 마루오카 마을에서는 매년 '가장 짧은 편지 쓰기 대회' 가 열리고 있다. 제1회 대회의 주제는 '어머니' 였는데 "당신에게 '죽어.' 라고 말했던 그때의 나를 죽이고 싶습니다.", "어머니, 죽지 마요. 괜찮다고 말할 때까지 죽지 마요." 같은 편지들이 수상작에 올랐다.

반대로 세상에서 가장 긴 편지는 1875년, 프랑스 파리 화가 마르셀 레쿠르트가 애인 마드랜드에게 보낸 편지다. 특이하게도 그 편지에는 '당신을 사랑합니다(je vous aime).' 라는 짧은 문장만 187만 5천 번이나 적혀 있다. 마르셀은 이 편지를 쓰기 위해 여러 명의 대서인(代書人)까지 고용하였다. 매일 똑같은 문장을 쓰는 일에 지친 대서인 한 사람이 마르셀에게 물었다.

"왜 똑같은 문장만 계속 반복해서 쓰는 겁니까?"

"마드랜드는 어렸을 때부터 귀머거리였기 때문에 내가 사랑한다고 말하는 것을 한 번도 듣지 못했네. 그렇지만 나는 그녀에게 사랑한다는 말을 들려주고 싶어 죽을 지경이야. 그래서 편지로나마 그녀에게 고백하려는 것일세."

사람들은 편지를 통해 사랑과 안부를 주고받거나 일과 관련된 용무를 주고받는다. 또한 편지는 다양한 목적으로 사용되기도 한다. 조선 시대 다산 정약용은 귀양살이를 하는 동안 편지를 통해 두 명의 아들을 훈육하였다. 다음과 같은 내용의 편지다.

"아침에 햇빛을 받는 쪽은 저녁에 그늘이 빨리 들고, 일찍 핀 꽃은 먼저 진다는 사실을 명심하여라. 운명의 수레는 재빨리 구르며 잠시도 쉬지 않는다. 그 점을 기억하고 세상에 뜻이 있다면, 잠시의 재난을 이기지 못해 청운의 뜻까지 꺾이는 일은 없어야 한다."

편지는 산 사람뿐만 아니라 죽은 사람에게도 보내지기도 한다. 1998년, 경북 안동에서 발굴된 무덤 속에서는 400년 된 미라와 함께 한 통의 편지가 발견되었다. 사별한 남편을 그리워하는 부인의 마음이 다음과 같이 잘 나타나 있다. '내 머리카락을 잘라 신을 삼았는데, 이 신을 신어보지도 못하고 돌아가셨다.'

편지는 가끔 엉뚱한 목적으로 쓰이기도 한다. 여러분도 학창 시절 한번쯤은 '행운의 편지'를 받아본 경험이 있을 것이다.

'이 편지는 영국에서 최초로 시작되었으며 1년에 지구를 한 바퀴씩 돌면서 받는 사람에게 행운을 전해주었습니다. 그리고 이 편지는 앞으로 4일 안에 당신 곁을 떠나야 합니다. 당신은 7통의 편지를 행운이 필요한 사람에게 보내야 합니다. 만약 편지를 보내지 않으면……(중략).'

편지는 사랑과 우정의 전령사이며 소통의 도구다. 시대와 기술의 변화에 따라 종이에서 메일로, 메일에서 문자로 변하고 있지만 기본적인 정신은 마찬가지일 것이다.

사랑하는 것은 사랑을 받느니보다 행복하나니라.
오늘도 나는 에메랄드 빛 하늘이 훤히 내다뵈는
우체국 창문 앞에 와서 너에게 편지를 쓴다.
(중략)

행길을 향한 문으로 숱한 사람들이

제각기 한 가지씩 생각에 족한 얼굴로 와선

총총히 우표를 사고 전보지를 받고

먼 고향으로 또는 그리운 사람께로

슬프고 즐겁고 다정한 사연들을 보내나니

(후략)

유치환의 〈행복(幸福)〉이란 시처럼 누군가에게 편지를 쓰는 것은 삶을 행복하게 만들어주는 일이다. 그것이 종이편지면 어떻고, 메일이나 문자면 어떠랴! 가족과 친구, 그리운 사람에게 슬프고 즐겁고 다정한 사연을 보내 서로의 따뜻한 마음을 주고받으면 그것이 바로 편지고 사랑이고 행복이다.

소중한 사람들에게 종이편지를 써보자. 나도 아내에게, 그리고 어머니에게 '당신을 사랑합니다.' 가 100만 번쯤 적힌 편지를 보내야겠다.

미친 듯이
웃어라

　인생은 열심히 살아야 한다. 그러나 너무 심각하게만 살 필요는 없다. 심리학자 윌리엄 제임스는 "웃고 있는 입에 비관 없고, 무겁게 다물고 있는 입에 낙관 없다."고 말했다. 인생을 비관 속에서 살고 싶지 않다면 활짝 웃어야 한다. 미국 사회교육가 바덴은 이렇게 말했다. "세상에서 최고의 인색함은 밝은 웃음을 아끼는 일이다. 눈가의 근육을 조금만 움직여서 한두 번 미소 짓는 것만으로도 사람들에게 행복감을 안겨줄 수 있는데 그것조차 안 하는 사람이 있다." 살면서 쩨쩨한 사람이라는 소리를 듣고 싶지 않다면, 역시 눈가의 근육을 조금만 움직여보자.

　다음은 미국 변호사협회지에 실렸던 글인데, 법정에서의 심문과정 중 있었던 황당한 질문들이다. 읽고 웃으시길!

① 박사님, 누군가 자다가 사망하면 다음 날 아침까지 그 사람은 그
  걸 모른다는 것이 사실입니까?

② 스물두 살이 된 막내아들에 대한 질문입니다. 그는 몇 살입니까?

③ 혼자하셨나요? 아니면 단독범행?

④ 전쟁에서 전사한 사람은 동생입니까 아니면 당신입니까?

⑤ 그 사람이 당신을 죽였습니까?

⑥ 당신은 그곳을 떠나기 전까지 그곳에 있었다죠? 사실인가요?

⑦ 문 : 임신하신 날이 8월 8일인가요?

  답 : 예.

  문 : 그때 뭐하고 계셨습니까?

⑧ 문 : 자녀가 셋이라고 하셨습니까?

  답 : 예.

  문 : 아드님이 몇 분이시죠?

  답 : 하나도 없습니다.

  문 : 따님은 혹시 있나요?

⑨ 문 : 그 계단이 지하실로 통한다고 하셨습니까?

  답 : 예.

  문 : 그렇다면, 그 계단은 지상으로도 통합니까?

⑩ 문 : 슬레터리 씨, 이번에 화려한 신혼여행을 다녀오셨다죠?

  답 : 유럽으로 다녀왔습니다.

  문 : 부인도 같이요?

웃음은 나를 행복하게 만들고, 내 주변에 있는 사람들을 행복하게 만드는 행복 바이러스다. 학자들에 의하면 의식적으로 웃는 표정을 짓는 것만으로도 정서적으로 행복한 상태에 이른다고 한다. 또한 하품과 마찬가지로 웃음도 전염되는데 이런 현상을 '정서적 전이 효과'라 부른다. 내가 웃으면 그 웃음을 보는 사람도 함께 웃을 수 있고, 함께 행복해진다.

일본의 만담가 가네히라 케노스케가 쓴 《거울은 먼저 웃지 않는다》라는 책이 있다. 내가 웃어야 거울 속의 내가 웃듯이, 인간관계는 내가 먼저 웃어야 한다는 뜻이다. 어찌 인간관계뿐이겠는가! 성공과 행복, 인생이 모두 마찬가지다. 내가 웃기 전에는 절대로 웃지 않으며, 내가 웃어야 비로소 웃음으로 화답한다. 그런데 우리는 얼마나 많이 웃으며 살고 있는 것일까?

미국 스탠포드의과대학 윌리엄 프라이 박사의 조사에 의하면 6세 정도의 유치원생은 하루 평균 300번 정도를 웃는다. 그런데 이 횟수가 성인이 되면 20분의 1인 15번 정도로 줄어든다. 치열한 생존경쟁 속에서 살아가다보니 불가피한 측면도 있겠지만 어찌되었든 매우 불행한 일이 아닐 수 없다. 행복한 삶이란 결국 많이 웃는 것인데 이렇게 적게 웃어서는 절대로 행복해질 수 없다. 과연 어떻게 하면 많이 웃으며 살 수 있을까?

내 경험을 소개해보면 이렇다. 마음이 답답할 때, 비관적인 생각이 떠오를 때, 고독감이나 우울한 기분에 사로잡힐 때, 나는 미친 듯이 웃는다. 특히 하루의 일과를 마치고 잠자리에 누웠을 때는 정말 미친 사람처럼 깔깔대며 웃는다. 이때 조금 특이한 동작을 취하는데, 두 팔과 다리를 모두 허공으로 뻗은 채 마구 흔들면서 웃는다. 이런 나의 모습을 볼 때마다 아내는 질색을 하지만, 그러거나 말거나 나는 열심히 웃는다. 그렇게 한바탕 실컷 웃고나면 기분이 후련하고, 얼마나 마음이 상쾌해지는지 모른다. 게다가 잠도 잘 온다.

사실 나는 낙천적인 성격도 아니고 오히려 소심한 성격이다. 게다가 유머감각도 그다지 풍부하지 못하고 다소 따분한 사람에 속한다. 그런데도 많이 웃고, 많이 웃기 위해 노력하는 데는 몇 가지 이유가 있다.

첫째, 웃으면 행복해진다.

심리학자 윌리엄 제임스는 "행복해서 웃는 것이 아니라 웃으면 행복해진다."고 말했다. 의심하는 사람이 있을지도 모르겠지만 이 말은 영구불변의 진리다. 실제로 실천해보니 그렇다. 처음에 웃기 시작하는 것이 어려울 뿐, 일단 웃음보가 터지면 얼마나 행복해지는지 모른다. 한 푼의 투자도 없이 행복을 공짜로 얻을 수 있으니 웃지 않을 이유가 없다.

둘째, 웃음은 신념이요, 가치관이다.

프랑스 철학자 떼이야르 드 샤르댕은 "유머는 기분이 아니라 세계관이다."라고 말했다. 유머와 웃음은 즐거운 기분에서 형성되는 것이 아니라 인생을 밝고 긍정적으로 살겠다는 가치관에서 나온다는 뜻일 것이다.

평생 불운과 불행에 시달렸던 링컨 대통령은 이렇게 고백했다. "나는 밤낮으로 무서운 긴장감으로 살았기 때문에, 만일 웃지 않았다면 이미 죽은 지 오래되었을 것이다." 링컨의 사례가 말해주듯이 불행하기 때문에 웃지 못하는 것이 아니라, 불행을 이겨내기 위해 웃어야 하는 것이다.

셋째, 웃음은 습관이요, 운동이다.

박장대소 같은 큰 웃음은 우리 몸속에 있는 650개 근육 중 231개의 근육을 움직이는 효과가 있다고 한다. 따라서 웃음은 일종의 운동인 셈이다.

사람들은 몸의 건강을 지키기 위해 매일 운동을 한다. 마찬가지로 마음의 건강을 위해서도 웃음 운동이 필요하다. 웃음은 마음을 건강하게 해주는 운동이라 생각하고 매일같이 반복해서 훈련하라. 그러면 웃음이 곧 습관이 되고, 행복한 삶을 지탱해주는 단단한 근육으로 작동하게 된다.

신학자 하비 콕스는 "운명과 유머는 같이 세계를 지배한다."고 말했다. 세상에는 긍정적인 사람도 있고, 반면에 부정적인 사람도 있다. 낙관론자와 비관론자가 있고, 잘 웃는 사람과 자주 찡그리는 사람이 있다. 어느 쪽이 될 것인지는 우리의 선택이다. 그리고 그 선택이 우리의 삶을 지배한다.

행복을 원하면 많이 웃어라. 웃음은 인생에 대한 가치관이며, 마음 운동이요, 행복해서 웃는 게 아니라 웃으면 행복해진다는 사실만 기억하면 된다.

지금 "하하하." 하고 미친 듯이 웃어보자.

조금은
외로워도
괜찮다, 그쟈

40대가 되니 바라지도 않는데 점점 늘어나는 것이 있다. 바로 외로움이다. 40대 남성은 고독하고, 40대 여성은 쓸쓸하다. 20, 30대에는 봄이나 가을을 탔는데 40대가 되니 봄, 여름, 가을, 겨울을 탄다. 이를테면 40대의 외로움은 비발디의 '사계'다. 게다가 나는 조금 심한 편에 해당된다.

세상에 태어나서 내가 잘하는 것이 하나 있다면 아마도 그리워하는 일일 것이다. 어려서는 어른이 그립고, 나이가 드니 젊은 날이 그립다. 여름이면 흰 눈이 그립고, 겨울이면 푸른 바다가 그립다. 헤어지면 만나고 싶어 그립고, 만나면 혼자 있던 시간이 그립다. 돈도 그립고, 사랑도 그립고, 어머니도 그립고, 아들도 그립고, 네가 그립고, 때로는 내가 그립다. 김소월은 시 〈가는 길〉에서 "그립다. 말을 할까

하니 그리워······.''라 하였다. 나는 "그립다.''고 말해본 적도 없는데
어찌 이리 그리운 것이 많은가?

　사람의 평균수명을 80, 90세 정도로 가정해보자. 그리고 우리 인
생을 1년에 비교해보면 40대는 6월이나 7월에 해당될 것이다. 그렇
다면 분명히 성하(盛夏)의 계절인데도 마치 조락(凋落)의 계절처럼 쓸
쓸하게 느껴지는 것은 왜일까? 아마도 번갯불처럼 지나간 40년 성상
(星霜)에 대한 무상함 때문일 것이다. 또는 나머지 생(生)에 대한 황망
함 때문일 수도 있다. 혹은 단순하게 신체 호르몬의 변화가 가장 큰
요인일지도 모르겠다.

　이유야 어찌 되었든 40대는 고독이라는 불청객을 받아들여야 하는
시기다. 마흔이 넘으면 집에서도 외롭고, 직장에서도 고독하고, 모
임에서도 쓸쓸하다. 퇴근길 차창 너머, 또는 우연히 바라본 거울 속에
서 자신의 나이 든 모습을 발견할 때, 삶은 허무하고 스스로의 존재감
은 점점 가볍게 느껴진다. 다시 한 번 옛날로 돌아갈 수 있다면, 다시
한 번 누군가를 뜨겁게 사랑할 수 있다면······. 고독한 40대가 가슴
설레며 상상해보는 단골메뉴들이다. 마치 이육사의 시 〈청포도〉와
같다.

　내 고장 칠월은
　청포도가 익어 가는 시절

이 마을 전설이 주저리 주저리 열리고
먼 데 하늘이 꿈꾸며 알알이 들어와 박혀

하늘 밑 푸른 바다가 가슴을 열고
흰 돛단배가 곱게 밀려서 오면

내가 바라는 손님은 고달픈 몸으로
청포를 입고 찾아온다고 했으니

내 그를 맞아 이 포도를 따 먹으면
두 손은 함뿍 적셔도 좋으련

아이야 우리 식탁엔 은쟁반에
하이얀 모시 수건을 마련해 두렴

    40대는 상상한다. 7월이면 전설이 주저리 주저리 열리고, 내가 바라는 손님이 찾아오는 꿈을……. 그리고 그와 함께 포도를 먹으며, 먼데 하늘이 가슴속에 알알이 들어와 박히는 꿈을 꾼다. 그리곤 아무도 모르는 입가에 미소를 띠며 40대는 잠시 행복에 잠긴다.

    그런데 달리 생각해보면 40대야말로 가장 멋지게 고독을 즐길 수 있는 나이가 아닐까? 20, 30대의 외로움은 마냥 처절하다. 그것은 질풍노도의 고독, 마치 에스프레소와 같다. 청춘의 고독은 누군가를 사랑하거나 미워해야만 끝에 이른다. 반면에 40대의 고독은 불혹이다. 그것은 낭만적이고 달콤하며, 캐러멜 마키야또와 같다. 이미 꿈과 현실의 경계를 알고 있기에 극단적인 감정에 치우치지 않는다. 마치 최백호의 〈그쟈〉와 같다.

봄날이 오며는 뭐하노 그쟈
우리는 너무 멀리 떨어져 있는데

꽃잎이 피며는 뭐하노 그쟈
우리는 너무 멀리 떨어져 있는데

그래도 우리 맘이 하나가 되어
암만 날이 가도 변하지 않으면

조금은 외로워도 괜찮다 그쟈
우리는 너무 너무 사랑하니까

봄날이 오고 꽃잎이 펴도 함께 있지 못하니 너무 외롭다. 그렇지만 '조금은 외로워도 괜찮다.'고 스스로 달래보는 것이 40대의 고독이다. 아니, 나는 그것을 40대의 고독 퇴치법이라 말하고 싶다. 어차피

이래저래 외로운 40대다. 피할 수 없다면 즐기라는 말처럼 고독에 맞서기보다는 고독과 친구하는 편이 현명한 삶이라 믿기 때문이다.

서정주의 시처럼 눈이 부시게 푸르른 날은 그리운 사람을 그리워하고, 조용필의 노래처럼 나보다 불행하게 살다간 고흐라는 사나이를 생각하며 그래도 괜찮다고 생각해보는 것이다.

외로울 땐 마음속으로 노래를 불러보자.

조금은 외로워도 괜찮다, 그쟈.

우리는 너무 너무 사랑하니까.

사랑은
행복의
묘약이다

사랑 그것은 아주 분명한 것입니다.

삶의 질을 드높이고,

인생을 무한히 확장시키며,

마음을 비옥하게 하는 모든 것입니다.

무엇보다 높고도 깊으며

인생을 풍요롭게 하는 모든 것

그것이 바로 사랑입니다.

 헤르만 헤세의 시 〈사랑은 풍요로운 것입니다〉의 앞부분이다. 사
랑은 아름답고 위대하며, 우리에게 무한한 행복을 가져다준다. 만약

사랑이 존재하지 않는다면, 우리의 인생은 매우 헐벗은 가난뱅이와 같을 것이다.

몇 년 전, 〈우리들의 행복한 시간〉이라는 영화를 본 적이 있다. 3번이나 자살을 시도한 대학 교수 유정, 그녀는 정신병원에 수감되는 대신 죄수들을 위한 봉사활동에 참여한다. 그리곤 살인죄로 복역 중인 사형수 윤수를 만나게 된다. 두 사람이 갖고 있는 유일한 공통점은 더 이상 살고 싶어하지 않는다는 것. 매주 목요일, 두 사람 사이에 낯선 면회가 시작된다. 처음에는 서로 상처를 주지만, 차차 마음을 열고, 공감하고, 그리곤 마침내 사랑한다. 시간이 흐를수록 사람과 신과 운명을 용서하고, 인생은 살 만한 것이라고 느낀다. 이제 두 사람은 죽음을 원하지 않고, 오히려 간절하게 살고 싶어한다. 그렇지만 갑작스럽게 사형집행일이 결정되고 마지막 죽음의 순간, 윤수는 유정에게 말한다.

"내 얼굴 까먹으면 안 됩니다. 사랑합니다."

사랑하는 사람이 단 한 명만 있어도 인생은 아름답다. 사랑하는 사람이 한 명도 없다면 인생은 쓸쓸하고 허전하다. 그러니 행복한 삶을 살고 싶다면 누군가를 열심히 사랑해야 한다. 생텍쥐페리의 소설 《어린 왕자》에 보면 여우가 이렇게 말하는 장면이 나온다. "네가 4시에 온다면, 나는 3시부터 행복해지겠지." 누군가를 사랑하면 그를 생각하는 것만으로도 행복하고, 그를 기다리는 일 또한 행복을 가져다준다. 인도의 명상가 인드라 초한은 이렇게 말했다. "자기 스스로를 좋아하는 사람은 이미 이 세상에 있는 행복의 반을 얻은 것과 같습니다. 나머지 반은 주위에 있는 모든 것을 사랑하면 됩니다."

미국 일리노이대학 에드 디너 교수와 긍정심리학의 대가 마틴 셀리그먼 교수는 222명의 사람들을 대상으로 행복도를 측정하였다. 그리곤 가장 행복하다고 대답한 상위 10퍼센트의 사람들과 나머지 90퍼센트의 사람들을 비교 분석하였다. 그 결과 두 그룹 사이의 차이점은 돈, 직업, 건강 등이 아니라 인간관계라는 사실이 밝혀졌다. 10퍼센트에 해당하는 사람들은 인간관계를 유지하는 데 많은 시간을 할애하며, 주변 사람들과 친밀하고 애정 어린 관계를 형성하고 있었다.

미국 펜실베이니아 주에는 이탈리아 이민자들이 모여 사는 로제토 마을이 있다. 이 마을에는 알코올이나 약물 중독자가 없으며 범죄율과 자살률이 매우 낮다고 한다. 마을 주민 중에 55세가 되기까지 심장마비로 죽는 경우는 거의 없고, 65세 이상 주민의 심장마비 사망률은 미국 전체 평균의 절반 수준에 불과하다.

미국 오클라호마대학 스튜어트 울프 교수는 로제토 마을의 주민들을 대상으로 장기간에 걸친 연구를 진행하였다. 그 결과 이들의 건강 비결은 공동체적 인간관계에서 형성된 유대감이라는 결론을 내렸다. 유전, 환경, 식생활, 운동 같은 물리적 요소가 아니라 마을 주민들 사이의 친밀감이 장수의 비결이었던 것이다. 이처럼 인간관계는 행복과 불행을 결정하는 본질적인 요소다. 사랑과 신뢰의 인간관계는 행복과 삶의 의욕을 불러오지만, 원망과 불신의 인간관계는 불행과 죽음에의 유혹을 불러일으킨다. 따라서 우리는 진실한 인간관계를 맺기 위해 노력해야 한다.

사실, 누군가를 사랑하는 것 못지않게 행복한 일은 누군가로부터 사랑받는 일이다. 작가 빅토르 위고는 "인생에서 최고의 행복은 우리가 사랑받고 있다는 확신이다."라고 말했다. 맞는 말이다. 아기를 사랑하는 어머니도 행복하고, 어머니의 사랑을 받는 아기도 행복하다. 연인도 서로 사랑하고, 사랑받으며 행복하다. 필자 역시 딸과 아들에게서 받는 하트 문자에도 행복하고, 독자들이 보내준 감사 문자에도 행복을 느낀다. 생일 때마다 지인들이 보내주는 축하 문자를 보면서도 행복감에 사로잡힌다. 얼마 전에는 어머님 덕분에 큰 행복감을 느꼈다. 나는 매일 저녁 부모님께 문안 전화를 드리는 것을 습관으로 삼고 있다. 여느 때와 마찬가지로 통화를 하는데, 문득 짠한 마음이 들어 어머님께 고백하였다.

"어머니, 사랑합니다."

곧바로 어머니가 들뜬 목소리로 대답하신다.

"아들, 나도 사랑해요."

어머니께 사랑 고백을 하고 어머님의 사랑 고백을 받으며, 말로 표현하기 힘든 행복감이 가슴 벅차게 밀려들었다. 매주 일요일 저녁 부모님 댁을 방문할 때면, 가능한 한 자주 어머님을 안아드리거나 손을 잡고 어루만져드린다. 지금은 다소 익숙해지셨지만 어머니는 처음에 눈가에 눈물이 살짝 비칠 정도로 행복해하셨다. 그러고 보면 참 나는 불효자였다. 마흔이 넘을 때까지 따뜻한 말 한마디 건넬 줄 몰랐으니 얼마나 철없는 자식이었던가! 이제부터라도 부모님께 효도를 다해야겠다. 게다가 부모님에 대한 사랑이 나의 행복으로 되돌아오니 이는 참으로 감사한 일이 아닐 수 없다. 사랑은 불행의 방파제요, 행복의 묘약이다. 인생에는 슬픔과 역경도 많이 찾아오지만, 사랑이 있는 한 우리는 행복할 수 있다.

지금 누군가를 사랑하라. 에디트 피아프의 노래 〈사랑의 찬가〉를 함께 불러보자.

"하늘이 무너져 내리고 땅이 꺼져버린다 해도 그대가 날 사랑한다면 내게 두려움 없네. 사랑이 아침을 깨우고 내 몸을 감싸면 아무것도 두렵지 않네. 당신이 날 사랑한다면."

**행복
10계명**

1. 행복을 기다리지 마라.

행복이란 손님이 아니다. 인생이 나에게 보장해준 시간은 오늘뿐이라는 사실을 명심하고 지금 이 순간을 행복하게 살아야 한다. 윌리엄 펠프스는 이렇게 말했다 "행복이란 손 닿는 곳에 있는 꽃들로 꽃다발을 만드는 솜씨다."

2. 행복은 운명이 아니라 선택이다.

행복은 운명이나 동전 던지기가 아니다. 'Dream is nowhere'와 'Dream is now here', 그리고 'Impossible'과 'I'm possible' 사이에서 우리가 무엇을 선택하느냐에 따라 행복과 불행이 결정된다. 윌리엄 블레이크는 말했다. "매일 아침, 매일 밤 태어나 비참하게 되는 자가 있고, 매일 아침, 매일 밤 태어나 즐거워지는 이가 있다."

3. 행복을 얻으려면 대가를 지불하라.

행복은 공짜로 얻어지지 않는다. 성공하려면 땀과 노력이 필요하듯이 행복도 그에 상응하는 대가를 요구한다. 하루를 행복하게 살고 싶다면, 하루를 행복하게 살기 위해 노력하라. 알랭은 이렇게 말했다. "사람은 누구나 행복하기를 간절히 바라는데, 그러기 위해서는 온갖 힘을 기울여야 한다. 행복이 찾아오기만 기다려 문을 열어둔 채 방관만 하고 있다면 들어오는 것은 슬픔뿐이다."

4. 행복은 사소한 것이다.

행복은 거창한 것이 아니라 사소한 것이다. 행복해지고 싶다면 일상의 삶에서 작은 기쁨과 즐거움을 발견할 줄 알아야 한다. 해즐릿은 이렇게 말했다 "우리가 행복을 남의 손에 맡긴다면, 자질구레한 일상사, 사랑, 우정, 결혼 등에서 전혀 안정감을 느끼지 못할 것이다."

5. 행복은 입맞춤과 같다.

사랑하는 것은 사랑받느니보다 행복하다는 말처럼, 행복을 위해서는 누군가를 사랑하고 서로의 체온을 나눠야 한다. 디어도어 루빈은 이렇게 말했다. "행복은 입맞춤과 같다. 행복을 얻기 위해서는 누군가에게 행복을 주어야만 한다."

6. 가진 것과 이룬 것으로 행복하라.

행복을 가로막는 가장 큰 장애물은 만족할 줄 모르는 욕심이다. 이미 가지고 있는 것, 이미 이룬 것에 감사할 줄 아는 사람만이 행복할 수

있다. 막심 고리키는 이렇게 말했다. "행복을 자신의 손안에 꽉 잡고 있을 때는 그 행복이 항상 작아 보이지만, 그것을 풀어준 후에야 비로소 그 행복이 얼마나 크고 귀중했는지 알 수 있다."

7. 하고 싶은 일을 하고, 느긋하게 쉬어라.

우리는 하고 싶은 일을 하며 살 권리가 있고, 또 그렇게 살기 위해 노력해야 한다. 그렇다고 일벌레가 되어서는 안 된다. 그라시안은 이렇게 말했다. "적당하게 일하고 좀 더 느긋하게 쉬어라. 현명한 사람은 느긋하게 인생을 보냄으로써 진정한 행복을 누린다."

8. 비교와 시샘으로 불행에 빠지지 마라.

돈이 많은 사람은 명예를 얻은 사람을, 명예를 얻은 사람은 권력을 가진 사람을, 권력을 가진 사람은 정준을 가진 사람을, 정준을 가진 사람은 멋진 외모를 지닌 사람을, 멋진 외모를 지닌 사람은 돈이 많은 사람을 부러워하고, 그들과 자신을 비교하며 불행에 빠진다. 행복을 위해서는 비현실적인 비교 습관을 버려야 한다. 쇼펜하우어는 이렇게 말했다. "우리는 남을 부러워하는 데 인생의 4분의 3을 쓰고 있지는 않은가?"

9. 많이 웃고, 즐거운 상상을 하라.

행복의 비결은 많이 웃고, 부정적인 감정을 떨쳐버리는 데 있다. 적어도 하루에 3번 이상 웃고, 3번 이상 즐거운 생각에 잠겨라. 링컨은 이렇게 말했다. "인간은 자기가 마음먹은 만큼만 행복해진다."

10. 스스로 파랑새가 되어라.

세상에는 날마다 불평불만을 반복하는 앵무새, 어디서도 만족할 줄 모르고 떠돌아다니는 철새, 스스로 행복하게 살아가는 파랑새와 같은 3가지 유형의 사람들이 있다. 행복의 파랑새를 만나고 싶다면 앵무새나 철새가 아닌 파랑새가 되어라. 존 베리는 이렇게 말했다. "파랑새는 자신을 잡으려 하지 않는 사람의 손에 날아와 앉는다."

우리는 자신이 생각하는 것만큼 행복하지도 그렇게 불행하지도 않다.

– 라 로슈프코

행복을 잃을 수 있는 한 그래도 우리는 행복을 가지고 있다는 말이 된다.

– 타킹턴

행복을 즐겨야 할 시간은 지금이다. 행복을 즐겨야 할 장소는 여기다.

– 로버트 인젠솔

세상에는 우리의 침울한 두 눈으로 발견할 수 있는 이상의 행복이 있는

법이다. – 니체

스스로 행복하다고 믿지 않는 한 누구도 행복하지 않다.

– 푸블릴리우스 시루스

빛과 공기가 있고, 친구와 사랑이 남아 있으면 절망할 일이 무엇이랴.

– 괴테

행복이란 과잉과 부족의 중간에 있는 조그마한 역이다. - C. 폴록

행복에서 불행의 거리는 고작 한 발짝밖에 안 되지만 불행에서 행복의 거리는 매우 먼 거리다. - 유태 격언

행복이란 우리 집 화롯가에서 성장한다. 그것은 남의 집 뜰에서 따와서는 안 된다. - 제럴드

사랑하고 일하며, 때로는 쉬면서 별을 바라볼 수 있는 기회를 주는 인생, 그 인생에 감사하자. - 헨리 밴

행복을 사치스러운 생활 속에서 구하는 것은 마치 태양을 그림에 그려놓고 빛이 비치기를 기다리는 것이나 다름없다. - 나폴레옹

쾌락을 얻으려고 노력하는 것이 아니라 노력 그 자체 속에서 쾌락을 발견하는 것, 이것이 내 행복의 비결이다. - 앙드레 지드

part 4

사람이
답이다

사랑하는
사람과
함께 가라

"서울에서 부산까지 가는 가장 빠른 방법은?"

얼마 전 대기업 면접시험에서 위와 같은 문제가 출제되었다는 뉴스를 본 적이 있다. 원래는 영국의 한 신문사에서 '맨체스터에서 런던까지 가는 가장 빠른 방법'을 공모한 것을 국내 버전으로 바꾼 것이다. 혹시 지금까지 이 퀴즈를 본 적이 없다면 잠시 머리도 식힐 겸 정답을 생각해보라. 과연 서울에서 부산까지 가는 가장 빠른 방법은 무엇일까? 버스? 자가용? **KTX**? 비행기? 축지법? 이외에 어떤 기발한 방법을 생각했는지 모르겠지만 영국의 경우 가장 많은 사람들로부터 채택된 답변은 이렇다.

"사랑하는 사람과 함께 간다."

물론 과학적이거나 이성적인 답변은 아니다. 지극히 감성적이고 상식을 초월하는 우문현답이지만 나는 이 이야기를 읽으며 한 가지 교훈을 얻게 되었다. 내가 알게 된 사실을 비슷한 질문으로 바꿔보면 다음과 같다.

"태어나서 죽을 때까지 행복하게 살 수 있는 방법은 무엇일까?"

아마 이번에는 여러분도 쉽게 대답할 수 있을 것이다. 정답은 "사랑하는 사람과 함께 간다."는 것이다. 인생의 행복은 어디로 가느냐에 달려 있는 것이 아니라 누구와 함께 가느냐에 달려 있다. 인생은 속도보다는 방향이 중요하며, 방향보다는 동행이 중요한 법이다. 우리는 태어나서 죽을 때까지 무수히 많은 질문을 던지며 살아간다. 어찌 보면 인생은 질문과 대답이다. 인생에서 가장 많이 묻는 질문들은 다음과 같다.

- 목적 : 사람은 왜 사는가?
- 생명 : 사람은 어디서 왔는가?
- 죽음 : 사람은 어디로 가는가?
- 의미 : 가치 있고 참다운 인생이란 무엇인가?
- 방법 : 성공과 행복은 어떻게 얻을 수 있는가?

혹시라도 여러분 중에 정답을 발견한 분이 있는가? 있다면 그 사람은 축복받은 존재일 것이다. 틀림없이 100명 중 99명은 질문 자체를 포기한 채 하루하루 분주한 일상 속에 떠밀려 살고 있을 것이다. 나 또한 이런 질문들을 삶의 바깥쪽으로 밀어둔 지 이미 오래다. 그렇다고 그런 태도를 자책하거나 비난하려는 것은 아니다. 오히려 "누구와 함께 가고 있는가?"라는 질문을 통해 다른 관점으로 생각해보려는 것이다.

흔히 인생을 여행에 비유한다. 맞는 말이다. 어디서 왔는지, 왜 왔는지, 어디로 가는지는 모르지만 인생은 분명 여행이다. 그런데 어떤 여행일까? 세상에는 각양각색의 여행이 있듯이 인생에도 여러 가지 유형의 여행이 있다. 어떤 사람의 인생은 에베레스트 산을 등반하는 것처럼 험난한 산악여행이다. 어떤 사람의 인생은 크루즈 여행처럼 부유하고 안락하다. 어떤 사람의 인생은 무전여행이며, 어떤 사람의 인생은 배낭여행이다.

한 개인의 삶에서도 여행은 여러 가지 형태로 나타난다. 때로는 혼자 떠나고, 때로는 함께 떠난다. 때로는 누군가가 운전을 해주고, 때로는 직접 차를 몰아야 한다. 때로는 즐겁지만, 때로는 고달프기도 하다. 인생은 수많은 종류의 여행으로 구성된 종합여행세트이다.

여행은 동반자에 따라 의미와 내용이 전적으로 달라진다. 사랑하는 사람과 함께 가는 여행은 천국과 같을 것이고, 미워하는 사람과 함께 떠나는 여행은 지옥일 것이다. 혼자만의 명상을 즐기고 싶을 때는 수다쟁이와 동행하면 고행길이 될 것이며, 신나는 여행을 즐기고 싶을 때는 우울증에 걸린 사람과 동행하면 문상(問喪)길이 될 것이다. 배려심 많은 사람과 동행하는 여행은 편안하지만, 이기적인 사람과 동행하는 여행은 손발이 고생스럽다. 단지 이뿐만이 아니다. 인생의 여행에서 태풍을 만났다고 가정해보자. 베테랑 선원들과 동행한다면 폭풍우를 이겨내고 안전하게 목적지에 도달할 수 있을 것이다. 그런데 만약, 그렇지 못한 사람들과 동행했다면 파도를 이겨내지 못하고 끝내 좌초하기 마련이다. 이처럼 인생의 여행길에서 성공과 행복은 누구와 동행하느냐에 달려 있다.

왜 사는지, 어디로 가는지에 대한 질문은 이제 그만 잊어버려라. 그보다는 인생이란 여행을 누구와 함께 가고 있는지, 누구와 함께 갈 것인지에 대해 고민하라. 지금 스스로에게 질문해보라.

'나는 지금 누구와 함께 가고 있는가?'

40대의 인간관계가
노년의 행복을
결정한다

　지난 주말, 경기도 여주에서 홀로 사시는 이모가 다녀가셨다. 작년 이맘때 이모부가 운명하셨으니 싱글 실버(독거노인)가 된 지도 1년이 넘었다. 결혼과 함께 분가한 외동아들은 직장 관계로 이따금 방문한다고 한다. 혼자 사시는 것이 적적하지 않으시냐고 여쭈어보니 이모님 말씀이 뜻밖이다.

　"오히려 더 즐겁게 산다. 이모부 살아계실 때는 병수발드느라 잠시도 옆을 떠나지 못하고 고생했었는데, 지금은 친구들과 여행도 가고, 복지관에 자원봉사도 다니면서 자유롭게 마음대로 살아 좋다."

　사실 이모부는 10년이 넘는 세월을 중풍으로 누워계셨다. 돌아가시기 전에는 대소변도 가리지 못했으니 이모님의 고생은 말로 다할 수 없었으리라. 그래도 평생을 함께한 지아비를 떠나보내고 혼자 생활하시는 일이 힘드시지 않을까 걱정이었는데 오히려 긍정적인 마음으로 잘 적응하시는 것 같아 다행이었다.

사실 우리 주변을 둘러보면 배우자와의 사별 후 우울증이나 고독에 시달리다 본인도 죽음에 이르는 경우를 자주 목격하게 된다. 나의 할머니도 마찬가지였다. 초등학교 6학년 때 할아버지께서 돌아가셨는데 1년이 채 지나지 않아 비교적 건강하셨던 할머니마저 별다른 병환 없이 세상을 떠나셨다. 틀림없이 혼자라는 고독감이 큰 영향을 끼쳤을 것이다.

우리나라의 자살률은 OECD국가 중 가장 높은 편인데 그중에서도 노인 자살률은 해마다 가파르게 높아지고 있다. 1995년부터 2005년까지 10대의 자살률은 인구 10만 명당 7.4명에서 7.6명으로 거의 변동이 없는 것으로 나타난다. 반면 60세 이상 노인의 자살률은 3~4배 높아졌으며 80세 이상 노인의 자살률은 인구 10만 명당 30.2명에서 127.1명까지 큰 폭으로 증가하였다. 그런데 이렇게 늘어나고 있는 노인 자살의 첫 번째 원인이 바로 고독이다. '자기를 좋아하는 사람도, 필요로 하는 사람도 없다고 느낄 때 오는 고독감은 가난 중의 가난'이라는 테레사 수녀의 말처럼 노년의 고독은 빈곤이나 질병보다 더 무서운 재난으로 찾아오는 것이다.

미국의 미래학자 레이 하몬드는 《2030년의 삶》이라는 책을 통해 2030년이 되면 사람의 평균수명이 130세까지 늘어난다고 주장하였다. 만약 지금처럼 60세 전후에 직장을 퇴직한다면, 최소 20년에서 최대 70년까지 노년의 삶을 살아야 하는 시대가 오는 셈이다. 과연 이렇게 긴 노후를 위해 우리는 무엇을 준비해야 할까? 미국 정신과 전문의 조지 베일런트가 쓴 《행복의 조건》에는 흥미로운 조사결과가 등장한다. 1937년, 하버드대학 연구진은 당시 2학년에 재학 중이던 268명의 학생을 대상으로 72년 동안 추적 조사하였다(여기에는 존 F. 케네디 대통령도 포함되었다고 한다). 그 결과 행복한 노후의 비결은 부, 명예, 재능과 같은 요소가 아니라 47세 무렵까지 형성된 인간관계에 의해 결정되는 것으로 밝혀졌다. 즉, 47세 무렵까지 어떤 인간관계를 형성하였느냐에 따라 노년의 삶이 행복과 불행으로 구분된다는 것이다. 이 조사결과에 대해 여러 가지 다른 각도의 해석이 가능하겠지만 가장 설득력 있는 설명은 다음과 같다.

노년이 되면 직면하게 되는 3대 문제로 빈곤, 질병, 고독을 손꼽았는데 최근에는 무위(아무 할 일이 없는 것)를 덧붙여 4대 문제라고 한다. 그런데 이러한 문제들은 대부분 인간관계에 의해 쉽게 해결될 수 있다는 사실이다.

주변 사람들과 친밀한 교우관계를 형성하면 고독할 이유가 없으며, 다양한 분야의 사람들과 폭넓게 어울리면 무위에 빠질 염려가 없다. 사랑과 애정을 주고받는 원만한 인간관계는 정신적 건강에 도움을 주며, 결국 마음의 건강은 육체의 건강으로 이어진다. 경제적 빈곤이라는 문제 또한 주변 사람들로부터 십시일반의 도움을 받으면 큰 어려움 없이 해결될 수 있다. 결국 47세 무렵까지 형성된 인간관계가 노년에 겪는 빈곤, 질병, 고독, 무위의 대처에 영향을 주고 그에 따라 행복할 수도 불행할 수도 있다는 것이다.

영국 노팅엄대학에서도 유사한 조사를 진행하였다. 리처드 터니 교수와 그 연구팀은 1,700여 명의 남녀를 대상으로 친구 숫자와 행복도의 상관관계를 조사하였다. 그 결과 친구가 5명 이하인 사람들이 '지금 행복하다.'는 응답을 한 경우가 40퍼센트에 불과했다. 숫자가 6명 이상을 넘어가면 행복을 느끼는 비율도 함께 높아졌고, 10명을 넘어가자 '행복하다.'는 응답이 '그렇지 않다.'는 응답보다 많아지기 시작했다. 행복도가 최고에 달한 사람들의 친구 숫자는 여성의 경우 33명이었고, 남성은 49명이었다. 자신의 삶에 대해 '아주 만족스럽다.'고 대답한 사람들의 친구 숫자는 '아주 불만족스럽다.'고 대답한 사람들의 친구 숫자보다 두 배 정도 많았다. 연구팀은 노년의 행복을 위해서는 최소한 10명의 친구가 필요하다는 결론을 발표하였다.

40대는 폭넓은 인맥을 형성할 수 있는 마지막 시기이며, 행복한 노후를 대비해야 할 가장 중요한 시기다. 대부분의 사람들이 50대에 접어들면 사회활동이 줄어들며 자연스럽게 인간관계가 좁아지게 된다. 얼마 전, 모임에서 만난 CEO 또한 마찬가지 질문을 건넸다.

"소장님, 새로운 인맥을 만드는 것도 좋지만 우리 나이가 되면 그동안 쌓았던 인간관계를 어떻게 정리할 수 있는지가 더욱 큰 관심거리랍니다. 좋은 방법 있으면 알려주세요."

50대 중반의 나이었는데 일찌감치 자녀들을 출가시킨 탓인지 이제 그만 인간관계를 줄이고 싶어했다. 아마도 다양한 사람들과의 관계에서 발생하는 피로감과 갈등 때문일 것이다. 그렇지만 그 사실 자체가 이미 많은 사람들과 인간관계를 형성하고 있다는 반증이니 어쩌면 충분한 노후준비를 마쳤다고 판단해도 무리가 없을 것이다. 이처럼 50대가 되면 새로운 인맥을 만들기보다는 기존에 맺은 인연도 줄이려고 하는 것이 보통 사람들의 모습이다. 따라서 40대의 나이가 되면 지금이 마지막이라는 생각으로 좋은 인맥을 형성하기 위해 적극적으로 노력해야 한다. 지금까지 말한 것처럼 노년의 행복은 40대 무렵까지 형성하는 인간관계에 의해 결정되기 때문이다.

'옛 사람을 찾아가면 옳게 사는 것이고 옛 사람이 찾아오면 옳게 산 것이다.' 라는 말을 기억하며 항상 돈보다 사람을 남기기 위해 노력하자. 틀림없이 행복한 노후가 만들어질 것이다.

사람이
길이요,
사람이 답이다

사람이 길이요, 스승이다. 우리의 인생은 어떤 사람을 만나느냐에 따라 달라진다. 고사성어에 蓬生麻中 不扶而直(봉생마중 불부이직), 白沙在涅 與之俱黑(백사재날 여지구흑)이란 말이 있다. 쑥이 삼밭에서 자라나면 붙들어 매지 않아도 위로 곧게 자라고, 흰모래가 검은 흙 사이에 있으면 함께 검어진다는 뜻이다. 이렇듯 세상 만물은 주변 환경에 절대적인 영향을 받으며, 사람 또한 마찬가지다.

미국의 작가 찰리 존스는 "현재의 내 모습과 1년 후 내 모습의 차이는 1년 동안에 누구를 만나느냐, 몇 권의 책을 읽느냐에 달려 있다."고 말하였다. 예로부터 전해 내려오는 近墨者黑(근묵자흑) 近朱者赤(근주자적)이라는 말도 마찬가지다. 사람은 누구와 어울리느냐에 1년의 모습, 그리고 평생의 운명이 바뀌는 것이다. 그리고 또 한 가지,

사람은 누구를 만나느냐에 따라 직업이 변한다. 여기서 잠깐 질문을 하나 해보자.

Q : 미국으로 이민을 간 사람의 직업은 어떻게 결정될까?
A : 공항에 마중 나온 사람의 직업에 의해.

실제로 그렇다. 처음 이민을 가면 취업이나 사업에 대한 정보가 빈약하기 마련이다. 그러다보면 자연스럽게 공항에 마중 나온 사람과 유사한 직업을 선택할 가능성이 커진다. 결국 과거에 어떤 사람과 어울렸느냐에 따라 미래의 직업이 결정되는 것이다.

내 경우를 보면 더욱 그렇다. 첫 직장인 SK텔레콤에 입사하게 된 것은 오로지 정희욱이라는 대학 동기 덕분이다. 사실 나는 4학년 2학기에 접어들었을 때까지 취업이란 단어는 안중에도 없었다. 그저 졸업과 동시에 세계로 무전여행을 떠나겠다는 다소 허황된 꿈에 사로잡혀 있었다. 그런데 이름도 처음 듣는 회사에 입사 원서를 접수하러 간다는 그의 말에 동행삼아 따라나선 일이 내 운명의 전환점이 돼버린 것이다.

두 번째 직장은 절전제품을 만드는 업체였는데 SK텔레콤에서 함께 근무한 동료의 소개로 취업하였다. 세 번째 직장은 경제관련 민간단체였는데 대학교 선배의 추천 덕분이었다. 사람을 통한 취업은 주변에서도 쉽게 찾아볼 수 있다. 현재 도형심리상담 전문가로 활동 중인 조재현 강사는 "C&IL KOREA CONSULTING"에서 일하고 있다. 원래는 아웃소싱 업체에서 근무했는데 전문 강사가 되고 싶다는 꿈을 듣고 연결시켜주었다.

1974년, 미국 존스홉킨스대학의 마크 그라노베터 박사는 보스턴 근교 뉴턴에서 '일자리 구하기 경로' 조사를 실시하였다. 그 결과 새로운 일자리를 구하는 방법으로는 '사람들로부터 정보를 얻는다.'는 응답이 가장 높게 나타났다. 그 외에 '중개자 없이 직접 발로 뛴다.', '구인광고나 직업소개소를 통한다.'의 순으로 조사되었다. 일자리를 얻는 데 사람이 가장 큰 도움이 된다는 사실을 알 수 있다. 그런데 몇 가지 추가적인 질문을 통해 뜻밖의 사실이 발견되었다. 취업에 도움을 준 사람들이 매우 가깝고 친밀한 관계일 것이라는 예상과 달리 그저 알고만 지내는 사람들이 더 많았던 것이다.

응답자들의 답변을 분석한 결과 '밀접한 관계'는 31퍼센트에 불과했고, 나머지 69퍼센트는 이름 정도만 알고 지내는 '느슨한 관계'로 밝혀졌다. 이 실험 결과를 토대로 마크 그라노베터는 '약한 연결 관계의 강점(The strength of weak tie)'이라는 이론을 발표하였다. 정보의 흐름에는 약한 연결 관계가 강한 연결 관계보다 훨씬 효과적이라는 주장이다.

달리 말하면, 일자리를 구하는 데는 어느 정도 알고만 지내는 사람들에게서 더 많은 도움을 받을 수 있다는 뜻이 된다. 왜 그럴까? 간단하게 해석하자면 첫째, 가족이나 친구, 직장 동료 등 친밀한 사람들간의 정보 수준은 대개 비슷하기 때문이다. 내가 아는 정보는 그들도 알고, 그들이 아는 정보는 나도 아는 경우가 대부분이다. 둘째, 나에 대해 세세한 부분까지 알고 있으면 쉽게 일자리와 연결시키지 못하게 된다. 내가 그 일을 좋아하지 않거나, 업무에 적합하지 않거나, 직장 사람들과 잘 어울리지 못할 것이라는 우려 등이 추천을 망설이게 만드는 것이다. 따라서 취업을 위해서는 느슨한 관계의 사람들과도 지속적인 관계를 유지해야 한다.

특히 앞으로는 트위터, 페이스북과 같은 SNS(소셜 네트워킹 서비스)가 활성화되면서 점점 더 사람을 통한 일자리 구하기가 많아질 것이라는 사실에 유의해야 한다.

40대의 핵심 고민 중 하나는 재취업이다. 자의에 의해서건, 타의에 의해서건 직장을 떠날 확률이 점점 더 높아지는 시기가 40대이기 때문이다. 설령 무사히 정년을 마친다고 해도 평균수명의 연장에 따라 지속적인 경제 활동이 요구되고 있다. 60세 무렵에 퇴직한다면 10년 이상 사회적 활동에 임해야 하는 것이 현대 사회다. 따라서 40대 이후의 재취업 문제를 해결하려면 평소에 다양한 대인관계를 형성해놓을 필요가 있다.

우리나라의 경우 대기업이 고용시장에서 차지하는 비율은 10퍼센트 미만으로 알려져 있다. 공개 채용이 원칙인 대기업과 달리 중소기업과 영세사업장의 일자리는 소개나 추천에 의해 충원되는 경우가 많다. 특히 40세 이상의 연령을 대상으로 하는 일자리는 더욱 그러하다. 만약 지금까지 쌓아온 경력이나 스펙이 화려하다면 헤드헌팅 업체에 프로필을 보내면 충분할 것이다. 그러나 아쉽게도 그렇지 못하다면 40대의 재취업은 휴먼 네트워크의 힘에 달려 있다는 것을 명심해야 한다.

마크 그라노베터의 '약한 관계의 힘'을 기억하고 폭넓은 인간관계를 형성하도록 노력해보자.
사람이 길이고, 사람이 답이다.

하고 싶은
일에는
방법이 보인다

한국경제TV의 〈백수잡담〉이라는 프로그램에 출연한 적이 있다. 토론 주제가 인맥이다 보니 자연스럽게 휴대폰에 등록된 인맥의 수가 화제로 떠올랐다. 놀랍게도 사회를 맡은 MC의 휴대폰에는 3천 명이, 출연자 중에서는 1,700명의 이름과 연락처가 저장되어 있는 사람이 있었다. 그리고 출연자 중 한 사람은 5만 명 정도 되는 인맥을 엑셀로 관리한다고 하였다.

현대 사회는 '무엇을 아느냐' 보다 '누구를 아느냐' 가 중요한 네트워크 사회라는 사실을 다시 한 번 깨닫는 경험이었다. 우리는 **know how**의 시대가 아니라 **know who**의 시대를 살고 있다. 특히 트위터, 페이스북 같은 SNS의 등장과 함께 현대 사회는 점점 더 빠른 속도로 네트워크 사회로 진화하고 있다. 이제는 '혼자서도 잘해요.' 의 시대가 아니라 '함께해야 잘해요.'의 시대가 도래한 것이다.

그런데 이런 흐름과는 정반대로 직장인들은 인맥 관리에 서투른 것으로 조사되었다. 매경 이코노미와 취업전문 사이트 커리어가 직장인을 대상으로 설문조사를 실시하였다. 먼저 '인맥 관리의 중요성을 얼마나 느끼느냐?'는 질문에는 대부분 '중요하다(97.8퍼센트).'고 응답하였다. 그렇지만 '좋은 인맥 계발과 관계 유지를 위해 어느 정도 노력하느냐?'는 질문에는 '잘하고 있다(35.9퍼센트).'는 답변보다는 '잘하지 못하고 있다(64.1퍼센트).'는 답변이 훨씬 많은 것으로 나타났다. 인맥 관리를 잘하지 못하는 이유에 대해서는 '소극적인 성격 때문(30.5퍼센트)'이 가장 많았고, '인맥 관리 방법을 몰라서(29.3퍼센트)'가 뒤를 이었다.

과연 그것이 진정한 이유일까? 나는 인맥 관리 강의를 주로 다닌다. 기업과 단체에서 교육할 때마다 느끼는 점은 핑계가 너무 많다는 사실이다. 필리핀 속담에 "하고 싶은 일에는 방법이 보이고, 하기 싫은 일에는 변명이 보인다."는 말이 있다. 인맥 관리도 마찬가지다. 정말로 하고 싶으면 방법이 보이고, 억지로 하려 들면 변명만 보이기 마련이다.

위의 설문조사에서 인맥 관리를 잘하지 못하는 이유로 제시된 소극적, 내성적 성격 또한 핑계에 지나지 않는다. 가슴에 좋은 인맥에 대한 구체적인 동기, 절실함이 없기 때문에 적극적인 행동이 나오지 않는 것이다. 방법을 모른다는 것 역시 변명에 불과하다. 책이나 인터넷을 잠깐만 들여다봐도 인맥 관리에 대한 수많은 방법을 찾을 수 있기 때문이다. 결국 방법을 모르는 것이 아니라 방법을 알아내기 위한 머리품, 발품, 손품을 팔기 싫은 것이다.

따라서 인맥 관리를 잘하려면 핑계만 찾을 것이 아니라 먼저 자신의 머릿속에 있는 고정관념을 바꿔야 한다. 첫째, 인맥 관리는 확률게임이다. 많은 사람을 만나면 그중에서 일부만 좋은 인맥으로 남는다. 따라서 많이 만나는 것이 좋은 인맥을 만드는 가장 빠른 지름길이다. 직장인들이 인맥 관리에 실패하는 대표적인 이유는 새로운 사람을 많이 만나지 않기 때문이다. 둘째, 인맥은 인삼이다. 인간관계는 처음 만나 서로에 대해 알고, 이해하고, 친해지고, 신뢰가 형성되기까지 오랜 시간이 소요된다. 따라서 좋은 인맥을 만들려면 인삼처럼 5,6년 땀과 노력을 기울여야 한다. 우정은 느리게 자라는 나무와 같다는 사실을 잊지 말아야 한다. 셋째, '거울은 먼저 웃지 않는다.' 는 말처럼 인간관계도 내가 먼저 관심, 공감, 배려하고 감동을 줘야 한다. 감동받은 고객이 충성 고객이 되듯이 감동받은 사람이 충성 인맥이 되는 법이다.

이렇게 생각을 바꿨다면 다음에는 구체적인 계획과 실천이 중요하다. 첫째, 목표가 분명해야 한다. 언제까지 몇 명을 새로운 인맥으로 만들 것인지 정해야 한다. 1년에 최소한 50명 정도를 새로운 인맥으로 형성하는 것이 바람직하다. 둘째, 대인관계에서 호감을 형성할 수 있는 매력 포인트를 만들어야 한다. 이를 위해서는 얼짱, 몸짱, 맘짱,

배짱, 말짱, 일짱, 꿈짱 중에 최소한 한 가지 이상의 짱이 되어야 한다. 셋째, 새로운 인맥을 만나기 위해 적극적으로 발품을 팔아야 한다. 직접 찾아가거나 아는 사람의 소개를 받고 교육이나 강연, 포럼에 참여한다. 단체, 협회, 모임에 가입하여 적극적으로 활동한다. 트위터, 페이스북, 인터넷 커뮤니티를 활용하고, 가능한 한 모든 방법으로 새로운 사람을 만나야 한다. 넷째, 지속적으로 연락과 접촉을 주고받아야 한다. 네트워크 사회에서는 친밀한 관계도 중요하지만 그저 알고만 지내는 '약한 관계'도 큰 힘을 발휘한다. 새로운 사람을 만나면 쉽게 친해지지 않는다고 연락을 끊지 말고 꾸준하게 관계를 유지해야 한다. 다섯째, 먼저 상대방의 편이 되어야 한다. 거울은 먼저 웃지 않는 법이다. 좋은 인맥을 만들려면 상대방을 내 편으로 만들기 위해 노력하기보다는 내가 먼저 상대방의 편이 돼주어야 한다. 사람들로부터 마음에서 우러나오는 "정말 감사합니다."라는 말을 들을 수 있을 때, 자연스럽게 좋은 인맥이 만들어진다.

40대가 되면 바쁜 직장 업무, 생존을 위한 자기계발, 가족 및 기존 인맥과의 관계 유지를 위한 시간 할애 등으로 인해 자칫 사회적 네트워킹에 소홀해지기 쉽다. 오히려 자신도 모르는 사이에 핑계 많은 무덤으로 변하게 된다. 게다가 인맥은 보험과 같아 필요한 순간이 닥치기 전까지는 그 중요성을 깨닫지 못한다. 인맥 관리는 인생과 성공에 매우 소중하면서도 실제로는 긴급함을 느끼기 어렵기 때문에 자주 후순위 과제로 처지기 마련이다. 따라서 좋은 인맥을 만들고 싶다면 평소에 인맥의 소중함을 명심하고, 구체적인 목표를 정하고, 하루하루 꾸준하게 노력해야 한다.

자신의 인맥 관리 목표를 설정한 후 지금 바로 실천해보자. "할 수 없다고 생각하는 것은 하기 싫다고 다짐하는 것과 같다."는 스피노자의 말을 기억하라.
 ① 하루에 문자 10건, 전화 10통, 메일 10건을 보내자.
 ② 일주일에 3명 이상 새로운 사람을 만나자.
 ③ 한 달에 5회 이상 교육, 세미나, 행사에 참여하자.

싸가지 있는
사람이
되어라

　일본 야규 가문의 가훈에 '소재(小才)는 연(緣)을 만나도 인연인 줄 모르고, 중재(中才)는 연을 만나도 인연을 살리지 못하고, 대재(大才)는 옷깃을 스치는 인연까지도 살린다.'는 말이 있다. 재주가 부족한 사람은 좋은 인연을 만나도 알지 못하고, 재주가 어중간한 사람은 좋은 인연을 만나도 이어가지 못하고, 재주가 뛰어난 사람은 작은 만남도 큰 인연으로 발전시킨다는 뜻이다. 이처럼 좋은 인연이라는 것은 저절로 주어지는 것이 아니라 내가 상대방을 얼마나 소중하게 생각하고 어떻게 대하느냐에 달려 있다.

　인간관계에서 아름다운 꽃봉오리를 피우기 위해 가장 중요한 것은 싸가지다. 싸가지란 어떤 일이나 사람이 앞으로 잘될 것 같은 낌새나 징조를 의미하는 '싹수'의 방언이다. 따라서 싸가지가 없다는 말은 근본이나 버릇이 잘못 형성되어 바람직한 사람으로 자라지 못하였다는 것을 의미한다.

인사성이 없거나 예의범절을 지키지 않는 사람, 잘난 척하는 사람, 다른 사람을 무시하는 사람, 제멋대로 행동하는 사람, 자기 이익만 챙기는 사람이 싸가지 없는 사람의 대표적인 유형이다. 우리는 싸가지 없는 사람을 싫어하고 싸가지 있는 사람을 좋아한다. 싸가지 있는 사람은 보기만 해도 즐겁고 오래도록 함께 어울리고 싶어진다. 반면에 싸가지 없는 사람은 보기만 해도 짜증나고 가능한 피하고 싶어진다.

한 설문조사에 의하면 직장상사의 90퍼센트는 '일은 잘하지만 싸가지 없는 직원' 보다는 '능력은 보통이되 인간성 좋은 직원' 을 신뢰하는 것으로 나타났다.

이와 같이 싸가지는 인간관계와 사회생활의 기본이다. 원만하고 성공적인 인간관계를 형성하려면 반드시 싸가지 있는 사람이 되어야 한다. 일반적으로 싸가지는 4가지 성향으로 구분된다.

첫째, 좋아하기(Love) : 싫어하기(Hate)

좋아하기-싫어하기 성향은 내가 타인을 우호적 태도로 대하는가, 아니면 적대적인 태도로 대하는가를 의미한다. 다른 사람과 어울리기를 좋아하는 친화적인 성격은 좋아하기 성향이 강한 것이며, 혼자 있는 것을 좋아하는 고립적인 성향은 싫어하기 성향이 강한 것이다. 싫어하기 성향이 강한 사람은 주로 '차갑다, 쌀쌀맞다' 는 평가를 받는다.

둘째, 열기(Open) : 닫기(Close)

열기-닫기 성향은 타인과의 관계가 개방적으로 이뤄지는지, 아니면 폐쇄적으로 이뤄지는지를 의미한다. 상대방의 말에 충분한 공감을 해주며 원활하게 자기 공개를 하는 사람은 열기 성향이 강한 것이다. 반대로 자기 이야기만 하려 들며, 자신의 내면의 모습을 드러내지 않는 사람은 닫기 성향이 강한 것이다. 닫기 성향이 강하면 마음을 열기 어렵게 된다.

셋째, 보조 맞추기(Pacing) : 끌고 가기(Dragging)

보조 맞추기-끌고 가기 성향은 타인과 협력적으로 행동하는가, 아니면 지배적으로 행동하는가를 의미한다. 상대방을 존중하며 수평적인 관계에서 교류하는 사람은 보조 맞추기 성향이 강한 것이다. 반대로 타인을 자신의 의도대로 강압적으로 통제하려는 사람은 끌고 가기 성향이 강한 것이다. 끌고 가기 성향이 강할수록 갈등을 많이 빚게 된다.

넷째, 주기(Give) : 받기(Take)

주기-받기 성향은 누구를 더 중시하느냐를 의미한다. 배려심이 많고 잘 베푸는 사람은 주기 성향이 강한 것이며, 자신의 이익을 중시하는 이기적인 사람은 받기 성향이 강한 것이다.

인간관계는 'Give & Take' 라는 말도 있듯이, 받기 성향이 강하면 좋은 관계를 형성하기 어렵다.

학자들에 의하면 사회적 지능은 7세 무렵까지 가장 크게 발달된다고 한다. 이때 형성된 대인관계 지능과 성향이 평생의 인간관계에 영향을 주는 것이다.

따라서 좋은 관계를 형성하려면 부정적인 버릇을 긍정적인 버릇으로 바꿔나가야 한다. 그렇지만 오랫동안 습관이 된 말버릇, 몸 버릇, 마음 버릇을 바꾸기란 쉽지 않다. 날마다 꾸준하게 실천해서 조금씩 조금씩 변화시켜야 한다.

새뮤얼 존슨은 "자신과 이해관계가 없는 사람을 대하는 태도로 인간성을 알 수 있다."고 말했다. 이해관계가 없는 사람들을 긍정적인 태도로 대하는 것이 버릇이 돼야 언제 어디서나 싸가지 있는 태도로 사람들을 대할 수 있게 된다.

벤자민 프랭클린은 절제, 침묵, 질서, 결단, 절약, 근면, 진실, 정의, 중용, 청결, 침착, 순결, 겸손의 13가지 덕목을 수첩에 적어놓고 매일 실천 여부를 점검하였다. 조지 워싱턴 역시 참된 인간이 되기 위한 13가지 원칙을 정하고 꾸준하게 실천하였다. 인간관계도 마찬가지다. 좋은 관계를 형성하려면 관심, 공감, 배려, 존중의 4가지 덕목을 평소에 꾸준하게 실천해야 한다.

성공적인 인간관계는 당신의 싸가지(관심, 공감, 존중, 배려)에 달려 있다. 지금 나는 어떤 버릇으로 인간관계를 하고 있는지 점검해보라. 그리고 긍정적인 성향으로 행동하도록 노력하라.

나쁜 인맥,
너뿐 인맥

친한 동생과 술을 마셨다. 인터넷 모임을 통해 처음 만났는데 10년
이 넘게 어울리다보니 이제는 눈빛만 봐도 생각을 짐작할 수 있다. 모
처럼 편한 마음으로 대화를 주고받자니 나누는 이야기의 절반이 농담
이요, 실언이다. 흔히 인터넷에서 맺은 인연은 가볍고 쉽게 끊어진다
고 말하지만, 내가 보기에는 모두가 자신이 하기 나름이다. 온라인이
건 오프라인이건, 상대방을 어떤 마음으로 대하느냐에 따라 인간관계
가 달라진다.

"형님, 좋은 인맥을 만들려면 어떻게 해야 하나요?"

"나쁜 인맥을 만들지 않으면 되지."

"나쁜 인맥을 만들지 않으려면 어떻게 해야 하나요?"

"나쁜 인맥을 만들지 않으면 되지."

"나쁜 인맥? 나쁜 인맥을 만들지 않으려면 어떻게 해야 하나요?"

"너뿐 인맥을 만들면 되지."

"너뿐 인맥을 만들려면 어떻게 하면 되나요?"

"너 없으면 못 살면 되지."

"형님은 나쁜인가요?"

"나는 나쁜이다. 나쁜 인맥을 위하여, 건배!"

좋은 인맥을 만드는 방법은 나쁜 인맥을 만들지 않는 것이다. 그리고 나쁜 인맥을 만들지 않는 방법은 '나쁜 인맥'을 만들지 않는 것이다. 간단한 원칙이다.

인생은 나쁜이라는 생각을 버려라. 인생은 더불어 살아가는 것이다. 혼자 성공할 수 있다는 생각도 버려라. 세상에 독불장군은 어디에도 없다. 인생은 개인전이 아니라 단체전이라는 사실을 명심해야 한다. 그런데 사람들이 좋은 인맥을 만들지 못하는 이유는 '나쁜 인맥'을 만들기 때문이다. 그러나 좋은 인맥을 만들려면 '너뿐 인맥'을 만들어야 한다. '너 없어도'가 아니라 이 세상에 오직 '너뿐'이라는 생각을 가지고 다른 사람을 대해야 한다.

이탈리아의 문학가이자 모험가이며 희대의 바람둥이였던 카사노바는 자서전《불멸의 유혹》에서 여성들이 자신에게 호감을 느끼도록 만드는 방법에 대해 다음과 같이 적어놓고 있다. "여성은 자신이 매우 사랑받고 있으며 매우 소중한 존재라는 사실을 일깨워주는 사람과 사랑에 빠진다. 따라서 여성을 진심으로 사랑하고, 그 여성이 얼마나 아름다운 존재인지 일깨워주고 소중하게 대해주기만 하면 모든 여성으로부터 사랑받을 수 있다."

방송인 조영남은 '인간 복덕방'으로 불릴 정도로 폭넓은 인맥을 자랑하고 있다. 그는 인터뷰 도중 인맥 관리의 비법을 묻는 기자에게 다음과 같이 대답하였다. "누가 나에게 반 고흐처럼 살아서 외롭다가 죽어서 유명세를 얻겠냐고 묻는다면, 노(No)! 난 싫어. 난 죽어서 아무도 나를 기억 못하더라도 살아서 사람들과 함께 즐기고 싶어. 그만큼 나는 사람이 좋고, 또한 사람이 소중해."

클린턴에게 적대적이던 정치인들이 일대일로 독대를 하고 나면 매우 호의적으로 변하곤 하였다. 이 사실에 호기심을 느낀 한 언론사 간부가 인터뷰를 요청하였다. 클린턴을 만나 인터뷰를 한 후, 언론사 간부는 그 이유를 이렇게 설명하였다. "클린턴은 세계에서 가장 바쁜 미국의 대통령이다. 그런데도 그는 인터뷰를 하는 20분 동안, 마치 이 세상에 나밖에 없다는 듯이 대해줬다. 자기에게 가장 소중한 것은 오직 '나뿐'이라는 듯이……."

세 사람의 말에서 공통적으로 나타나는 단어는 '소중'이다. 사람은 자신을 소중하게 생각하고, 자신을 소중하게 대해주는 사람과 좋은 관계로 발전한다. 오스트리아 철학자 마틴 부버는 사람들의 대인관계를 '나와 그것', 또는 '나와 당신'의 태도로 구분하였다. '나와 그것'은 사람들을 사물이나 풍경처럼 생각하며 피상적인 관계에 머물고 자신을 위해 이용하려 든다. '나와 당신'은 사람들을 자신처럼 소중한 존재로 생각하고 사랑과 애정을 주고받으며 진실된 관계를 추구한다. 우리가 어떤 태도를 지니고 있느냐에 따라 인간관계가 본질적으로 달라질 것이다.

좋은 인맥을 만들고 싶으면 '나뿐 인맥'이 아니라 '너뿐 인맥'을 만들어라! '나와 그것'이 아니라 '나와 당신'의 태도로 사람들을 대하라. 틀림없이 최고의 인맥, 최고의 인연이 만들어질 것이다.

적을
만들지
마라

"내가 니 시다바리가?" 2001년, 당시로서는 역대 최고기록인 8백만 명의 관객을 동원한 영화 〈친구〉. 극중에서 동수(장동건)가 준석(유오성)에게 불만을 터뜨리며 내뱉은 말이다. 자신을 친구가 아닌 부하처럼 부리며, 함부로 무시를 일삼는 데 대한 분노의 목소리였다. 세월이 흐른 후, 결국 동수는 준석의 칼에 찔려 목숨을 잃는다. "고마해라, 많이 묵었다 아이가."라는 말을 남기며……

인생에서는 친구를 만드는 것보다 적을 만들지 않는 것이 더욱 중요하다. 나는 40대에 이르기까지 몇 번의 사건을 통해 그 사실을 깨달았다. 특히 마지막 사업에서는 너무나 뼈저리게 체험하고 말았다. 정말 겪지 않았으면 좋았을 경험이었다. 친구는 성공을 가져오지만, 적은 위기를 가져오고 애써 얻은 성공을 무너뜨린다. 조직이 무너지는 것은 3퍼센트의 반대자 때문이며, 10명의 친구가 한 명의 적을 당하지 못한다. 우리는 "천 명의 친구들, 그것은 적다. 단 한 명의 원수, 그것은 많다."는 터키 속담을 명심하고 항상 적이 생기지 않도록 조심해야 한다. 사업과 인생에서 적을 만들지 않으려면 다음과 같이 노력해야 한다.

첫째, 꼽게 보지 말고 곱게 보라.

사람은 불완전한 존재다. 그렇지만 완벽한 것처럼 행동하는 존재가 또한 인간이다.

새뮤얼 테일러 콜리지는 "위인과 만나거든 너의 좋은 인상을 남기도록 하되, 소인과 만나거든 그 사람의 좋은 인상만을 남기도록 하라."고 말하였다. 세상에 위인은 적고 대부분의 사람들은 소인에 불과하다. 다른 사람을 만나면 꼽게 보지 말고 곱게 보라.

둘째, 비판을 해도 자존심은 살려줘라.

사회생활을 하다보면 불가피하게 비판해야만 하는 상황이 발생한다. 그런 경우에도 상대방의 감정과 자존심에 상처를 주지 않도록 조심해야 한다.

사람을 적으로 만드는 것은 단순한 비판이 아니라 수치심, 모욕감을 불러일으키는 말 때문이라는 점을 명심해야 한다. 따라서 누군가를 비판할 때는 객관적 사실만을 이야기하고, 본질과 상관없는 비난은 삼가야 한다. 최대한의 예의를 갖추고, 상대방의 자존심을 건드리지 않는 선에서 비판하라.

셋째, 진심으로 사과하라.

아무리 조심해도 인간관계에서 갈등은 발생하기 마련이다. 누군가에게 상처를 주었다고 판단되면 즉시 달려가 사과하라. 그리스 속담에 "한 시간의 인내는 10년의 안락"이라는 말이 있다. "맞은 사람은 발 뻗고 자도, 때린 사람은 발 뻗고 못 잔다."는 우리나라 속담도 있다. 잠깐의 사과로 평생의 근심을 없앨 수 있다면 얼마나 현명한 행동이겠는가! 자신의 잘못을 진심으로 사과할 수 있는 사람만이 용기 있는 인물이다.

넷째, 다른 사람의 비난은 가슴에 담아두지 마라.

롱펠로우는 "함부로 내뱉은 말은 누군가의 가슴에 수십 년 동안 화살처럼 꽂혀 있다."고 말했다. 상대방이 쏜 화살을 뽑지 않고 꽂아두면 내 가슴의 상처만 깊어질 뿐이다. 가슴이 썩으면 복수심이 자라고, 결국엔 상대방의 가슴에 다시 화살을 꽂는 일을 저지르게 된다. 그러면 적이 되고 원수가 되는 것이다. 은혜는 바위에 새기고, 원수는 모래에 새기라는 말처럼 다른 사람의 잘못이나 실수는 못 본 척, 못 들은 척 흘려버려야 한다.

다섯째, 나를 위해 용서하라.

살면서 가장 어려운 것, 그렇지만 가장 고귀한 것이 용서다. 인생에서 적을 만들지 않으려면 기꺼이 용서할 줄 알아야 한다. 미국의 작가 맥코트는 "분노하며 원한을 품는 것은, 내가 독을 마시고 남이 죽길 바라는 것이다."라고 말했다.

이처럼 다른 사람의 잘못과 실수는 나를 위해서라도 기꺼이 용서해야 한다. 인생은 짧으니 아까운 시간을 분노와 원한으로 낭비하지 마라. 누군가에게 원망이 생기면 "신도 아닌데 당연하지!"라고 생각하며 용서하라.

직장이나 사회에서 사람들을 만나면 악연이 생기지 않도록 조심하라. 쓸데없는 비난은 삼가고, 다른 사람의 잘못은 관대하게 용서하라. 한 명의 적도 만들지 않는 것, 그것이 바로 성공한 인생이며 행복한 삶이다.

걸림돌이
아니라
디딤돌이 되어라

　토요일 오후, 집으로 택배가 하나 배달되었다. 뜯어보니 잘 익은 키위가 박스에 가득 담겨 있다. 보낸 사람의 따뜻한 정성이 느껴지며 진한 향기가 마음속에 젖어든다. 참, 고마운 일이다. 선물을 보낸 사람은 멀리 제주에 사는 M선생인데 다른 사람을 배려하는 마음이 천성인 분이다. 모임이나 행사가 열리면 항상 궂은일에 앞장서고, 돈이 필요한 상황이 생기면 가장 먼저 지갑을 연다. 새로운 사람을 만나면 무엇을 'Give' 할까 늘 생각하는 분이다.

　영화 〈웰컴 투 동막골〉에 보면 인민군 장교 리수화(정재영)와 마을 촌장이 이런 대화를 나눈다.

　리수화 : 동무, 위대한 영도력의 비결이 멉네까?"

촌장 : 뭘 좀 많이 멕여야지.

두고두고 생각해봐도 맞는 말이요, 자꾸만 이기적으로 변하려는 마음에 따끔한 교훈을 주는 말이다. 흔히 인간관계의 비결을 논할 때 약방의 감초처럼 빠지지 않는 말이 하나 있다. 바로 'Give & Take'다. 많은 사람들이 인간관계의 본질을 'Give & Take'라고 힘주어 말하지만 정작 실천하는 사람은 그리 많지 않다. 대부분의 사람들은 입으로만 말하고 몸으로는 실천하지 않는다. 그러나 백문(百聞)이 불여일견(不如一見)이라는 말도 있듯이 100번 말하는 것보다는 단 한 번이라도 'Give' 하는 것이 낫다.

좋은 관계를 만들려면 립서비스가 아니라 실제로 'Give' 해야만 한다. 그런데 'Give'는 기부(寄附)의 마음으로 실천해야 한다. 돌려받겠다는 투자의 마음이 아니라 인덕(仁德)을 쌓는 것으로 생각하고 'Give' 해야 한다.

옛말에 이르기를 "조상 덕에 이밥을 먹는다."고 했다. 조상이 선(善)을 행하고 덕(德)을 쌓으면 자손에게 복이 돌아간다는 뜻이다. 이처럼 세상만물의 이치는 돌고 돈다. 내가 덕을 베풀면 언젠가는 다시 내게로, 그리고 자손들에게 복이 돌아가는 법이다. 인덕(人德)이 쌓이면 인복(人福)은 저절로 들어오기 마련이다.

오래전에 〈라디오 스타〉라는 영화를 본 적이 있다. 한때는 유명한 가수왕이었지만 지금은 한물간 스타 최곤(박중훈), 그리고 일편단심으로 최곤을 쫓아다니는 매니저 박민수(안성기)가 주인공이다.

이 영화에 특별한 사건이나 스펙터클한 장면은 없다. 두 남자의 우정이 따스한, 그리고 어눌한 시선으로 담겨져 있을 뿐. 물론 이따금 흘러나오는 ⟨Video killed the radio star⟩ 같은 팝송들이 옛 추억을 자극해준다. 영화에서 가장 인상 깊은 대사는 박민수와 최곤이 천체 망원경으로 별자리를 보며 나누는 대화에 나온다.

민수 : 저게 말로만 듣던 안드로메다구나. 저게 은하철도 999 종착
　　　 역 아니냐. 곤아 너 별자리가 뭐냐?
최곤 : 전갈자리.
민수 : 그래서 성질이 더럽구나. 난 물병자리.
최곤 : 형은 술병자리야.
민수 : 곤아 너 아냐? 별은 말이지. 자기 혼자 빛나는 별은 거의 없
　　　 어. 다 빛을 받아서 반사하는 거야.

그리고 보면 사람도 마찬가지다. 자기 혼자서 빛날 수는 없다. 부모, 형제, 친구, 스승, 동료 등 다른 누군가의 빛을 받아야만 자신을 빛낼 수 있는 것이 사람이라는 존재다. 따라서 어찌 보면 우리 인생은 누군가로부터 빛을 받고, 또 누군가에게 빛을 갚는 일인지도 모른다.

영화를 보는 내내 나 스스로에게 물어보았다. 내게는 박민수와 같은 별이 있는가? 나는 20여 년이 넘도록 누군가에게 빛을 비춰주고

있는가? 많이 부럽고 많이 부끄러워서 속으로 혼자 훌쩍였다. 그리곤 다짐했다. 이제는 다른 사람에게 빛을 나눠주는 별이 되리라. 누군가에게 힘과 용기, 희망과 사랑을 나눠주는 별이 되리라. 아니면 최소한 걸림돌이 되지는 않으리라. 인생의 반은 나를 위해, 그리고 나머지 반은 다른 사람을 위해 살라는 말이 있다. 인생의 반은 누군가에게 빛을 받았으니, 나머지 반은 그 빛을 갚아야 한다는 뜻이리라.

걸림돌이 되지 마라. 누군가의 인생에 디딤돌이 되어 그 사람의 가슴에 빛나는 별이 되어 보자. 지금 당신은 누구에게 디딤돌이 되고 있는가?

철든
자식이
되어라

　매일 저녁 7시쯤 부모님께 안부 전화를 드린다. 자식으로서 당연한 노릇이겠지만 한편으로는 내가 할 수 있는 나름대로의 효도라고 생각한다. 좋은 옷, 맛있는 음식, 해외여행으로 호강시켜드리면 좋을 텐데 현실이 그러지 못하니 말로라도 대신하는 것이다. 어떤 때는 아버님께 문안만 여쭙고, 어떤 때는 어머니와 수다를 떤다. 어떤 때는 "사랑합니다."라고 하고, 어떤 때는 부침개나 칼국수를 해달라고 떼를 쓰기도 한다. 전화를 받으시면 어머니는 크게 기뻐하시고, 아버지는 은근히 반기신다.

　사실 문안 전화를 드리기 시작한 것은 그리 오래되지 않았다. 3년 전 어느 날, 문득 주름살이 늘어난 부모님 얼굴이 떠올라 밤잠을 이루지 못했다. 어떻게 해야 생전에 조금이라도 기쁘게 해드릴 수 있을까 고민하던 중 머릿속에 떠오른 생각이었다. 다음 날부터 바로 행동에 옮겼다. 아마도 처음으로 철든 행동을 부모님께 보여드린 것이 아닌가 싶다. 그런데 그로부터 두 달쯤 지났을 때의 일이다. 여느 때와 마찬가지로 전화를 하니 어머니가 받으신다.

나 : 저예요, 저녁 잡수셨어요?

어머니 : 그래, 방금 먹었다. 집이니?

나 : 네, 강의 갔다 이제 막 들어왔어요.

어머니 : 시장하겠다. 어서 식사하렴. 그런데 요새 많이 바빴니?

나 : 네? 일 때문에 조금 정신없었어요. 왜 그러시는데요?

어머니 : 아니다. 어제, 그제 전화가 없어서 그냥 궁금했어.

전화를 끊으면서 아차 싶었다. 지난 주말 찾아뵈었을 때, 어머니께서 지나가는 말처럼 말씀하셨다.

"바쁠 텐데 매일 전화하느라 신경 쓰지 말고 이따금씩 생각날 때만 연락하렴."

그리고 그후 이틀 동안 나는 문안 전화를 드리지 못했다. 첫 번째, 여러 가지 분주한 일들이 많았기 때문이었다. 두 번째, 어머니 말씀을 떠올리고 괜찮겠거니 생각하며 무심하게 넘긴 것이다. 그런데 철없는 내 생각과는 달리 어머니는 저녁 7시마다 전화를 기다리며 서운한 마음이 드셨던 모양이었다. 역시 부모 마음 아는 자식 없다는 말처럼 평생 철든 자식이 되기는 불가능한 모양이다.

　비단 부모님께 뿐만이 아니다. 이래저래 철이 들지 않았다고 느껴질 때가 많다. 본디 '나'라는 인물이 제 몸 하나 챙기기도 급급한 위인이라는 점은 잘 알고 있었다. 그래도 40대가 되면 조금은 철들 줄 알았는데 아직도 철없는 생각과 행동을 버리지 못하니 참 민망한 일이다.

　나는 철부지다. 부모를 섬김에도 그렇고, 아내와 아이들을 돌보는데도, 친구를 대함에도 어리석음과 이기심이 많다. 항상 다른 사람보다는 내 위주로 생각한다. 그러면 안 되는 줄 알면서도 언제나 내가 옳고, 내가 하는 말과 행동은 불가피한 것이라고 합리화시킨다. 마음을 비우자고 다짐하면서도 온갖 욕심에 사로잡히고, 긍정적으로 살자고 결심하면서도 짜증과 화를 자주 낸다. 먼저 베풀자고 마음먹으면서도 실제로는 받는 것에만 익숙해져 있다. 보람 있는 일을 하며 살자고 결심하면서도 항상 이익이 되는 일만 쫓아다닌다. 곱씹어 생각할수록 참 부끄러운 일이다. 과연 몇 살이 되어야 하늘을 우러러 한 점 부끄럼이 없도록 철이 들 수 있을까?

　가장 먼저 사람에 대한 사랑에 철들고 싶다. 거창한 의미에서가 아니라 "무슨 어려운 일을 겪고 계신가요? 하고 물어보는 것이 곧 이웃에 대한 사랑이다."라는 프랑스 철학가 시몬느 베유의 말처럼 따뜻한 인정(人情)에 철들고 싶다.

　부모에 대한 효도에 철들고 싶다. "부모님이 우리의 어린 시절을 꾸

며주셨으니 우리는 그들의 말년을 아름답게 꾸며드려야 한다."는 생
텍쥐페리의 말처럼 효심(孝心)에 철들고 싶다.

좋은 친구에게 철들고 싶다. "친구를 고르는 데는 천천히, 친구를
바꾸는 데는 더욱더 천천히."라는 벤자민 프랭클린의 말처럼 우정(友
情)에 철들고 싶다.

인생을 행복하게 살아가는 낙관적인 마음에 철들고 싶다. "나는 매
일 저녁 모든 근심 걱정을 하느님께 넘겨드린다. 어차피 하느님은 밤
에도 안 주무실 테니까."라는 메리 C. 크라울리의 말처럼 긍정(肯定)
에 철들고 싶다.

마지막으로 책임감 있는 사람으로 철들고 싶다. "이 행동에 대해 나
에게 책임이 있는가, 없는가? 하는 의문이 생긴다면 당신에게 책임이
있는 일."이라는 표도르 도스토예프스키의 말처럼 책임감(責任感)에
철들고 싶다.

인생은 어찌 보면 철드는 일이다. 봄, 여름, 가을, 겨울, 한 해가 지
날수록 생각이 깊어지고 마음이 넓어진다.

잠시 하던 일을 멈추고 자신의 모습을 돌이켜보자. 지금 얼
마나 철이 들었는가 생각해보고 부모와 가족, 세상과 사람에
대해 철이 들도록 노력하자. 이제 우리도 철들 나이쯤은 되지
않았을까?

사랑해,
이
웬수야!

"행복한 가정은 미리 누리는 천국이다." – 로버트 브라우닝

세상에서 가장 어려운 일이 무엇일까? 인간관계다. 그렇다면 인간
관계에서 가장 어려운 관계는? 바로 부부관계다. "전쟁터에 가기 전
에는 한 번 기도하고, 바다에 가기 전에는 두 번 기도하고, 결혼생활
에 들어가기 전에는 세 번 기도하라."는 러시아 속담은 결혼생활의
어려움을 실감나게 표현해준다. 게다가 40대는 전체 이혼율의 40퍼
센트를 차지할 만큼 부부 갈등이 최고조에 도달하는 연령이다.

행복한 가정은 둘째치고 원만한 부부관계를 위해서 특단의 조치와
노력이 요구되는 시기라 할 수 있을 것이다. 며칠 전 페이스북에 다음
과 같은 사연이 올라왔다. 한 남편이 평소에 애교가 없고 무뚝뚝한 아

내에게 사랑한다는 글과 하트를 문자 메시지로 보내달라고 부탁하였다. 그렇지만 아내는 일체 반응을 보이지 않았다. 남편이 일주일째 독촉을 하자 마침내 아내로부터 문자가 수신되었다.

"사랑해, 이 웬수야."

탤런트 김자옥이 텔레비전 프로그램에 나와 남편 자랑을 늘어놓기 시작했다. 잠자코 듣고 있던 사회자가 질문을 건넸다.

> 사회자 : 김자옥 씨는 세상에 다시 태어나도 남편과 다시 결혼하시겠네요?
>
> 김자옥 : 천만에요. 그렇게 멋진 사람을 저 혼자서 독차지하면 되겠어요? 다른 사람에게도 같이 살 기회를 줘야죠.

"좋기는 하지만 다시 결혼하고 싶은 생각은 없다."는 말을 재치 있게 돌려 말하는 모습에 절로 웃음이 나왔다. 이처럼 부부관계란 말처럼 쉬운 것도 아니고 다른 사람에게 보이는 것과도 다르기 마련이다. 어쩌면 철학자들의 비유처럼 결혼은 전쟁터와 같은 것인지도 모를 일이다. TV에 노인부부가 출연해 낱말 맞추기 게임을 하는데 "천생연분"이라는 단어가 등장했다.

> 할아버지 : 여보, 우리 둘 사이를 뭐라고 말하지?
>
> 할머니 : 웬수! (거침없이 말한다.)

할아버지 : 아니, 그거 말고 중간에 '생' 자 들어가는 말로 4글자 있
          잖아!
할머니 : 평생 웬수! (잠시의 망설임도 없이 대답한다.)

할머니의 단호한 표정과 말투에 배꼽을 잡았지만 동시에 씁쓸해지
는 마음도 어쩔 수 없었다. 과연 부부는 전생의 원수끼리 만나서 결혼
하는 것일까? 어떤 사람은 이 표현을 긍정적으로 해석하기도 한다.
"부부는 전생의 원수가 만나는 것이다. 그렇기 때문에 상대방과의 원
한을 풀어야 한다. 그렇지 않으면 다음 세상에 다시 부부로 만나게 된
다."는 것이다. 꿈보다 해몽이 좋다고 하더니 딱 그런 셈이다. 물론
전생의 원수라는 생각으로 서로를 미워하는 것보다는 낫겠지만 아무
래도 선뜻 받아들여지지 않는 해몽이다.

과연 부부란 무엇이고, 행복한 부부관계는 어떻게 만들 수 있는 것
일까? 황혼 이혼이 점점 증가하는 세태를 생각해보면 원만한 부부관
계는 40대가 풀어야 할 가장 중요한 과제 중 하나다. 프란시스 베이
컨은 이렇게 말했다. "아내란 청년 시절에는 연인이고, 중년 시절에
는 친구이며, 노년 시절에는 간호사다." 나이를 먹을수록 경제적, 육
체적으로 무기력해지는 남편을 보살펴줄 수 있는 사람은 아내밖에 없
다. 아내 역시 마찬가지다. 노년이 될수록 10명의 자식보다 한 명의
남편이 훨씬 소중하고 의지가 되는 법이다. 행복한 부부관계를 이루
려면 다음과 같이 노력하라.

첫째, 결혼에 대한 환상을 버려야 한다.

결혼도 인생의 한 부분이다. 인생을 살다보면 성공과 실패, 기쁨과 슬픔, 행복과 불행이 있듯이 결혼생활에도 맑은 날이 있으면 흐린 날도 있기 마련이다. 부부 간에 갈등이 생겨 분노와 원망, 슬픔과 고독을 겪는다 해도 결혼 자체를 욕하고 부정하는 것은 피해야 한다. 모든 것을 인생의 과정, 결혼생활의 일부분으로 생각하고 긍정적으로 받아들여야 한다.

둘째, 자신에 대한 환상을 버려야 한다.

결혼은 완벽한 배우자를 만나는 것이 아니라 완벽한 배우자가 되기 위해 노력하는 것이라는 말이 있다. 부부 갈등의 가장 큰 문제점은 상대방에게 책임과 잘못을 전가하는 태도다. 대부분의 사람들은 자신에게는 아무런 문제가 없으며 남편이나 아내 때문에 갈등이 생겨난다고 믿는다. 그러나 손뼉도 부딪쳐야 소리가 나듯이, 결혼생활에서 빚어지는 대부분의 갈등은 부부가 함께 악화시키는 것이다. 행복한 부부 관계를 만들려면 나는 문제가 없다는 생각을 버리고 자신의 잘못과 실수를 고치기 위해 노력해야 한다.

셋째, 배우자에 대한 환상을 버려야 한다.

결혼을 하고 나면 배우자의 부족한 점을 당연하게 받아들여야 한다. 또한 배우자의 정신적, 육체적 변화도 당연하게 받아들여야 한다. 배우자가 영원히 나를 사랑하고, 죽을 때까지 나를 떠받들고, 나에게 헌신할 것이라는 생각을 버려야 한다. 세월의 변화에 따라 생각이 변하고, 신체적인 변화가 뒤따른다는 사실을 항상 염두에 둬야 한다. 남편이 배우자에게 아내, 어머니로서의 이상적인 모습만 기대하면 부부생활에 갈등이 생긴다. 아내 역시 남편의 능력이나 가치관, 태도, 버릇 등에 대해 환상을 갖지 말아야 한다.

넷째, 비위를 맞춰라.

남존여비는 무슨 말일까? 원래의 의미와 달리 요즘에는 '남자가 존재하려면 여자의 비위를 맞춰야 한다.'는 뜻으로 사용된다. 그렇다면 여존남비는 무슨 뜻일까? '여자가 존경받으려면 남자의 비위를 맞춰야 한다.'는 뜻이다. 아무리 생각해봐도 옳은 말이다. 아내가 남편을 칭찬하고, 남편이 아내를 칭찬하면 부부관계는 화목해지기 마련이다. 배우자에게 "고생시켜 미안하다.", "함께 살아줘서 고맙다.", "세상에서 가장 소중하다."고 말하라. 직접 얼굴을 보고 말하기 쑥스러우면 문자나 메일, 편지를 보내면 된다. 그리고 남편은 설거지, 분리수거 등과 같은 집안일을 도와주고, 아내는 남편을 위해 안마를 해주거나 좋아하는 반찬을 만들어주는 것도 좋은 방법이다. 행복한 결혼생활을 하려면 상대방의 기를 살려줘야 한다. '아버지가 자녀들을 위해 해줄 수 있는 가장 중요한 일은 그 아이들을 낳아준 어머니를 사랑하는 것'이라는 말을 명심하자. 아내 역시 마찬가지다.

다섯째, 10계명을 실천하라.

행복한 부부관계를 만들려면 다음 10가지 사항을 실천해야 한다. 모든 인간관계와 마찬가지로 부부관계도 결국 두 사람의 노력에 달려 있다. 사실 이 글을 쓰면서 적잖이 마음에 걸린다. 나 역시 빵점짜리 남편에 불과하다는 사실, 게다가 아내가 이 글을 읽게 될 날이 반드시 오리라는 점을 잘 알고 있기 때문이다. 아내는 내가 쓴 모든 책의 열혈 팬이다. 그러니 이쯤에서 한마디 덧붙이는 점에 대해 양해를 구한다. 앞으로 나는 100점짜리 남편이 될 것을 프란시스 베이컨의 이름을 걸고 엄숙하게 맹세한다.

① 다시 사랑하라.

　화산도 항상 용암을 뿜지는 않는다. 사랑이 식었으면 다시 사랑하라.

② 함께 이룰 꿈을 가져라.

　결혼생활을 통해 함께 이루고 싶은 꿈, 목표를 정하라.

③ 서로 뒷바라지하라.

　인생에서 성공한 사람이 될 수 있도록 아내(남편)의 자아실현을 뒷바라지하라.

④ 소중한 것을 소중하게 대하라.

　아내(남편)가 소중하게 생각하는 것을 소중하게 대하라.

⑤ 함께 여행을 떠나라.

　아무도 없는 단 둘만의 시간을 가져라.

⑥ 건강을 챙겨라.

　건강해야 사랑도 하고, 싸움도 한다. 먹거리, 보약을 통해 아내(남편)의 건강을 정성껏 보살펴라.

⑦ 매일 10분 이상 대화하라.

아내(남편)에게 하루에 10분 이상 따뜻한 관심을 보이고 마주앉아 대화를 나눠라.

⑧ 책임과 역할을 생각하라.

진실된 남편으로서, 진실된 아내로서 지켜야 할 책임과 역할이 무엇인지 생각하라.

⑨ 좋아하는 것을 하고, 싫어하는 것을 하지 마라.

아내(남편)가 좋아하는 것을 하고, 싫어하는 것을 하지 마라.

⑩ 용서하라.

네가 사랑해서 결혼한 사람이니 100번이라도 아내(남편)를 용서하라.

아빠는 왜 있을까?

엄마가 있어 좋다. 나를 예뻐해주셔서.

냉장고가 있어 좋다. 나에게 먹을 것을 주어서.

강아지가 있어 좋다. 나랑 놀아주어서.

아빠는 왜 있는지 모르겠다.

한동안 인터넷을 뜨겁게 달군 동시다. 초등학교 2학년이 썼다고 알려져 있는데 나를 비롯한 수많은 아빠들의 마음을 뜨끔하게 만들었다. 몇 번을 읽어봐도 초라하고 가슴 아픈 이 시대 아빠들의 자화상이다. 잠깐 스스로에게 자문해보자. 과연 아빠는 왜 있는 것일까?

인터넷 서점에서 읽을 만한 도서를 검색하는데 《지금 알고 있는 것을 그때의 내가 알았더라면》이라는 책 제목이 눈에 들어왔다. 미국의 성공한 여성 30명이 젊은 날의 자신에게 보내는 편지를 책으로 옮긴 것이다. 한 번밖에 살지 못하는 인생인데 누구에겐들 아쉽지 않은 과거가 없으랴! 지금 알고 있는 것을 그때도 알았더라면 더욱 성공적인 인생을 살았을 것이라는 아쉬움은 모든 사람의 인지상정일 것이다. 편지 내용을 간추린 구절을 읽어보니 몇 개의 글이 더욱 절절하게 마음에 와 닿는다.

• 성공한 배우 캠린이 교수들의 편견에 괴로워하고 있는 뉴욕대학 시절의 캠린에게.

"열심히 일하고, 열심히 놀고, 열심히 성취하고, 열심히 사랑해. 결과가 아니라 그 과정을 즐기렴."

캠린 만하임(배우)

• 스물아홉 살의 섀넌이 목표를 잃고 방황하는 이십대 초반의 섀넌에게.

"사람들의 기대에 너무 신경 쓰지 마. 실수를 통해서도 인생을 배울 수 있단다."

섀넌 밀러(올림픽 체조 선수)

• 서른다섯 살의 피카보가 이제 막 금메달을 딴 스물일곱 살의 피카보에게.

"스스로 만족해하는 법을 배우렴. 네가 이룬 것들을 즐기는 것도 중요하단다."

피카보 스트리트(올림픽 스키 선수)

• 마흔아홉 살의 바나가 돈을 위해 하기 싫은 일을 하던 스물네 살의 바나에게.

"돈보다 중요한 건 네 마음을 지키는 일이야."

바나 화이트(〈휠 오브 포춘〉 진행자)

그러고 보면 나 또한 아쉬움으로 가득한 세월을 살았다. 아니, 지금까지 살아온 인생의 절반이 후회막급(後悔莫及)에 가깝다. 그러나 어쩌랴! 흘러간 시간을 돌이킬 수는 없으니 차라리 고민해야 할 일은 '지금 내가 모르고 있는 것은 무엇일까?'라는 질문일 것이다. 앞으로 5년, 10년의 시간이 흐른 뒤에 똑같은 후회를 반복하지 않도록 지금 내가 알아야만 하는 일들을 생각해보는 것이다. 지금 내가 모르는 것은 무엇일까? 지금 내가 놓치고 있는 것은 무엇일까? 이런저런 고민을 거듭하는데 갑자기 머릿속에 한 가지 아이디어가 번쩍 떠올랐다. 조금 전 책 제목을 다른 관점에서 표현한 문장이 생각난 것이다.

"지금 내가 알고 있는 것을 내 아이들에게 알려줄 수 있다면!"

때때로 좋은 부모에 대해 생각해본다. 좋은 자식도 되지 못했으면서 좋은 부모가 되기를 바라는 것도 욕심일 수 있지만 그 역시 인지상정이다. 내가 부모로서 지켜야 할 책임은 무엇이고 아이들에게 어떤 역할을 해야 되는지 고민해본다. 그런데 책 제목을 보면서 '내가 알고 있는 것을 아이들에게 들려주는 일'을 놓치고 있다는 사실을 깨닫게 되었다. 지금까지 내가 살아오면서 깨달은 소중한 지식과 경험들을 아이에게 전해줄 수 있다면, 그 또한 돈으로 따지기 힘든 값진 유산이 될 것이라는 생각이 들었다. 꿈과 용기, 성공과 행복, 사랑과 우정, 돈과 경제, 사회와 인간관계 등 아이들이 '지금 알아야 할 것'에 대해 내가 알고 있는 것을 들려주어야겠다고 결심하였다. 그리고 나는 딸과 아들, 조카들에게 매일 아침 명언을 문자로 발송하기 시작하였다. 대개 다음과 같은 글들이었다.

- 진실된 우정이란 느리게 자라나는 나무와 같다.
- 가시나무를 심는 자는 장미를 기대해서는 안 된다.
- 인생의 무지개를 보기 위해서는 우선 비를 견뎌야 한다.
- 책이란 우리 마음속에 얼어붙은 바다를 깨는 도끼로 쓰여지는 것.
- 세상에서 최고의 인색함은 밝은 웃음을 아끼는 일이다. 눈가의 근육을 조금만 움직여서 한두 번 미소를 짓는 것만으로도 사람들에게 행복감을 안겨줄 수 있는데 그것조차 안 하는 사람이 있다.

문자를 보내기 시작한 지 3년 정도 지났으니 대략 1천 개 이상의 명언을 알려준 듯싶다. 아이들의 인성에 얼마나 도움이 되었을지는 모르겠지만 부모로서 마땅히 해야 할 책임이라 믿는다. 아울러 인생의 선배로서 아이들에게 삶의 좌표, 인생의 나침반을 만들어주고 싶은 것이다. 앞으로도 내가 알고 있는 모든 것을 아이들에게 알려주겠다고 다짐해본다. 그러면서 새삼 아쉬워지는 것은 '내가 알고 있는 것을 아이들에게 알려줄 수 있다.'는 사실을 오래전에 알았다면 얼마나 좋았을까 하는 점이다. 다행히 늦게라도 깨달았으니 남은 인생 동안 더욱 열심히 노력할 것이다.

재산이 적다고 걱정하지 말고 자녀들에게 당신이 알고 있는 지혜와 경험을 물려줘라. 그것이 가장 값진 유산이며 아빠가 존재하는 이유다. 토머스 에디슨의 말을 교훈으로 삼아보자.

"한 인간이 죽을 때 자녀에게 열정을 물려준다면 무엇과도 바꿀 수 없는 귀중한 재산을 남겨주는 것이다."

인간관계
10계명

1. 사람을 추구하라.

푸쉬킨이 말했다. "인간이 추구해야 할 것은 돈이 아니다. 인간이 추구해야 할 것은 항상 인간이다." 성공적인 인생을 살고 싶으면 돈이나 일보다 사람을 추구하라.

2. 등잔 밑부터 살펴라.

가장 소중한 시간은 지금, 가장 소중한 장소는 여기, 가장 소중한 사람은 옆에 있는 사람이다. 가족, 친구, 직장동료를 소중하게 대하라.

3. 먼저 손을 내밀어라.

사람들은 먼저 다가서지 않으며 상대방이 다가오기를 기다린다. 친구를 사귀고 싶으면 먼저 손을 내밀어라. 용기 있는 자가 미인을 얻고 먼저 다가서는 자가 친구를 얻는다.

4. 관심과 호감을 가져라.

사람은 자기를 좋아하는 사람을 좋아하며, 자기에게 관심을 나타내는 사람에게 관심을 갖게 된다. 누군가의 호감과 관심을 얻고 싶으면, 먼저 그 사람에게 호감과 관심을 가져라.

5. 경청하고 공감하라.

인간관계는 통하는 사람과 친해지기 마련이다. 상대방의 말을 경청하고 상대방의 생각과 감정, 상대방이 처해 있는 상황에 대해 공감하라.

6. 따뜻한 말을 건네라.

상대방에게 기쁨을 주는 말, 상대방에게 힘과 용기를 주는 말, 상대방의 마음을 따뜻하게 해주는 말을 건네라.

7. 상처 주는 말과 행동을 하지 마라.

다른 사람에게 책임과 잘못을 전가하지 말고, 쓸데없는 비판이나 비난을 삼가고, 상대방의 감정과 자존심에 상처를 주지 마라.

8. 솔직하게, 진심으로 다가가라.

인간관계는 알고, 이해하고, 공감하고, 친해지고, 믿음이 형성되는 순서로 발전된다. 사람들과 친해지려면 내 생각과 감정을 솔직하게 표현하라. 때로는 비밀도 공유하라.

9. Give & Forget 하라.

애경사가 생기면 진심으로 함께 기뻐하고 함께 슬퍼하라. 'Give & Take' 하지 마라. 받을 거 생각하고 주는 사람은 정떨어진다.

10. 먼저 등 돌리지 마라.

쉽게 친해지지 않는다고 등 돌리지 마라. 별 볼일 없다고 등 돌리지 마라. 서운하다고 등 돌리지 마라. 한 번 맺은 인연은 소중히 생각하고 절대로 먼저 등 돌리지 마라.

관계에
관한 명언

행복한 가정은 미리 누리는 천국이다. – 로버트 브라우닝

부모님이 우리의 어린 시절을 꾸며주셨으니 우리는 그분들의 말년을 아름답게 꾸며드려야 한다. – 생텍쥐페리

아버지가 자녀들을 위해 해줄 수 있는 가장 중요한 일은 그 아이들을 낳아준 어머니를 사랑하는 것. – 출처 미상

한 인간이 죽을 때 자녀에게 열정을 물려준다면 무엇과도 바꿀 수 없는 귀중한 재산을 남겨주는 것이다. – 토머스 에디슨

'무슨 어려운 일을 겪고 계신가요?' 라고 물어보는 것이 곧 이웃에 대한 사랑이다. – 시몬 베유

세상을 보는 데는 두 가지 방법이 있다. 한 가지는 모든 만남을 우연으로 보는 것이고, 다른 한 가지는 모든 만남을 기적으로 보는 것이다.
– 아인슈타인

천 명의 친구들, 그것은 적다. 단 한 명의 원수, 그것은 많다. – 터키 속담

나는 다른 사람의 행동을 비웃거나 탄식하거나 싫어하지 않았다. 오로지 이해하려고만 하였다. – 스피노자

그 사람의 신발을 신고 오랫동안 걸어보기 전까지는 그 사람을 판단하지 마라. – 인디언 속담

소재(小才)는 연을 만나도 인연인 줄 모르고 중재(中才)는 연을 만나도 연을 살리지 못하고 대재(大才)는 옷깃을 스치는 인연까지도 살린다.
– 야규 가문의 가훈

친구란 내 슬픔을 등에 지고 가는 자. – 인디언 속담

친구를 비판할 때 마음이 아프지 않으면 입을 다물어라. – 아랍 속담

part 5

내 삶의
주인공은
나

잘
살고
있는가?

스티브 잡스는 매일 아침 거울을 들여다보며 스스로에게 다음과 같은 질문을 건넸다고 한다. 19세 때부터 시작한 일이라니 역시 될성부른 나무는 떡잎부터 다른 모양이다.

"만일 오늘이 내 인생의 마지막 날이라면, 지금 하고 있는 일을 계속해서 하게 될 것인가?"

여러분은 어떻게 생각하는가? 오늘이 인생의 마지막 날이라면 지금 하고 있는 일을 계속해서 할 것인가? 아니면 당장 그만둘 것인가? 세계적인 재정컨설턴트 보도 섀퍼는 "사람들은 돈이 없기 때문에 좋아하지도 않는 일을 하게 되고 그런 일을 계속하는 한 돈도 벌 수 없다."고 말했다. 자신이 좋아하는 일을 하며 사는 것은 성공의 조건이며, 동시에 행복의 비결이다. 목표를 이루는 것은 성공이지만 그 과정을 즐기는 것은 행복이기 때문이다. 만약 인생이 일주일 남았다면 나는 여행을 떠날 것이다. 그렇지만 인생이 하루밖에 남지 않았다면 나는 차분하게 글을 쓰며 삶을 정리할 것이다. 마지막 문장은 이렇게 끝맺고 싶다.

"수고했어. 고맙다."

며칠 전 고등학교 친구들과 술자리를 갖게 되었다. 으레 그렇듯이 학창 시절의 추억에서부터 시작해 군대, 정치, 부동산과 증권을 거쳐 퇴직과 노후 이야기까지 이른다. 그런데 갑자기 한 친구가 열변을 토하는데 그의 말이 심부를 찌른다. 거두절미하고 한 문장으로 옮기면 다음과 같다.

"잘 살기 위해, 잘못 살고 있는 것은 아닌지 반성해야 한다."

몇 번을 생각해봐도 구구절절 옳은 말이다. 우리는 잘 살기 위해 잘못 살고 있다. 행복하게 사는 것이 성공인데도 성공해야 행복해진다고 믿는다. 하고 싶은 일을 하고 살기 위해, 하기 싫은 일을 참고 견디며 살아간다. 소중한 가족이 아니라 시급한 일에 매달려 살아간다. 부자가 되기 위해 빈자의 삶을 살고, 불확실한 미래의 행복을 위해 오늘의 즐거움을 포기한다. 물론 인생이란 장거리 경주에서 미래를 일찍 준비하는 것은 매우 중요한 일이다. 다만, 적절한 균형감각 없이 오직 미래만을 위해 올인하는 것은 현명하지도 않고, 바람직하지도 않은 일이다.

인디언은 말을 타고 달리다 이따금씩 멈춰서서 지금까지 달려온 방향을 한참 동안 바라본 후 다시 출발한다. 그 이유는 너무 빨리 달리면 영혼이 뒤쫓아오지 못한다고 믿기 때문이라고 한다. 그렇다면 지금 우리들의 모습은 어떨까? 말보다 몇 배나 더 빠른 차에 올라타 무서운 속도로 질주하고 있지만 절대로 멈추거나 뒤돌아보지 않는다.

영화감독 장진은 한 언론과의 인터뷰에서 이렇게 말했다.

"비가 많이 오던 날 고속도로를 쩔쩔매고 가고 있는데, 어떤 차가 내 옆을 쌩하고 지나가는 거예요. 그걸 보고 적어놓았던 메모가 있어요. '도착해보니 지옥이었다. 여기까지 오는 동안 너무나 많은 추월을 했다.'"

잠시 시동을 끄고 차에서 내려서라. 그리곤 영혼이 어디쯤 뒤쫓아오는지 뒤돌아보라. 목적지도 모르는 채, 어디서 멈춰야 하는지도 모르는 채 무조건 앞만 보고 달려가서는 안 된다.

잘 사는 인생은 몇 가지로 요약할 수 있다.

첫째, 일보다 사람을 소중하게 여겨야 한다.

사람보다 소중한 것은 세상에 아무것도 없으며, 우리는 돈이 아니라 사람을 추구해야 한다. 직장에 충실하되 가족과 친구, 주변 사람들을 후순위로 놓아서는 안 된다.

둘째, 하고 싶은 일을 하며 살아야 한다.

많은 사람들이 싫어하는 일을 억지로 하며 살아간다. 먹고 살기 위해서 어쩔 수 없다는 이유와 함께. 그렇지만 인생은 먹고 살기 위해 태어난 것이 아니다. 우리는 자신이 좋아하는 일을 하며 살아갈 권리와 책임이 있다.

셋째, 베푸는 삶을 살아야 한다.

받으려고 하기보다는 먼저 주고, 이해하고, 용서하고, 사랑하며 살아야 한다. "우리들 생애의 저녁에 이르면 우리는 얼마나 타인을 사랑했는가를 놓고 심판받을 것이다."는 까뮈의 말처럼 인생에 대한 참된 평가는 얼마나 타인을 위한 삶을 살았느냐에 달려 있다.

매일 아침 스스로에게 질문을 건네라. 오늘이 내 인생의 마지막 날이라도 지금 하고 있는 일을 계속 할 것인지, 잘 살기 위해 잘못 살고 있는 것은 아닌지.

프레임과
패러다임을
바꿔라

대학교 선배의 병문안을 다녀왔다. 평소에 등산과 골프를 즐기던 분이었는데 지난 달, 갑작스럽게 위암 판정을 받았다. 복부에 심한 통증을 느껴 검사를 받아보니 이미 3기까지 악화된 상태였다. 현재는 암세포가 전이된 위의 일부를 절제하고, 약물치료를 진행 중이다. 병실로 들어서는 나를 보더니 애써 밝은 표정으로 웃으며 말한다.

"사람 맘이 참 간사하지? 여기 누워 있자니 건강만 회복되면 돈 한 푼 없어도 행복하게 살 수 있을 것 같아. 자네도 이것저것 욕심 부리지 말고 건강을 최우선으로 관리하게나."

집으로 돌아오는 길에 '패러다임', '프레임'과 같은 단어가 머릿속에 떠올랐다. '패러다임'을 인식의 틀이라 말한다면 '프레임'은 마음의 창이라 표현할 수 있다. 넓은 창, 좁은 창, 네모난 창, 동그란

창……. 우리가 어떤 창을 통해 바라보느냐에 따라 세상은 제각각 다르게 보인다. 마치 어떤 색안경을 끼고 바라보느냐와 마찬가지다. 이렇게 서로 다른 프레임을 통해 비춰지는 세상을 이해하는 도구가 패러다임이다. 즉, 프레임이 꿈이라면 패러다임은 해몽인 셈이다. 사람은 서로 다른 프레임과 패러다임을 지니고 살아간다. 그리고 우리의 삶은 바로 이 2가지에 의해 결정된다.

건강한 사람들이 세상을 바라보는 프레임은 돈이나 사업, 성공이다. 반면에 암에 걸린 사람들의 프레임은 오직 '건강'이다. 건강한 사람들은 행복에 대해 '돈이 반드시 필요하다.'는 패러다임을 갖고 있다. 반면에, 암에 걸린 사람들은 '건강만 있으면 돈은 없어도 된다.'고 믿는다. 소프트뱅크 손정의 회장은 중증 만성간염에 걸려 3년간 병원에 입원해 있었다. 그렇지만 그는 이 기간을 활용해 무려 4천여 권의 책을 읽었다. 어떤 프레임으로 바라보고, 어떤 패러다임으로 해석하느냐에 따라 삶의 모습과 의미는 전적으로 달라진다.

인터넷에 나오는 이야기다. 한 감옥에 죄수 2명이 갇혀 있었다. 그들이 할 수 있는 유일한 일은 창살 너머로 세상을 바라보는 것뿐이었다. 한 죄수는 파란 하늘, 흰 구름, 밤하늘의 별을 올려다보았다. 그는 이렇게 말했다.

"아, 세상은 정말 아름답구나!"

다른 죄수는 땅을 내려다보았다. 그곳에는 더러운 진흙탕 속에 여기저기 사람들이 버린 쓰레기가 넘쳐났다. 그는 이렇게 투덜거렸다.

"감옥 속에서 아까운 인생과 시간을 썩히다니, 내 인생은 진흙보다 못하구나!"

세월이 흘러 둘은 감옥 밖으로 나오게 되었다. 하늘을 바라보던 죄수는 자신의 경험을 글로 써 유명 작가가 되었다. 진흙탕을 바라보던 죄수는 가는 곳마다 불평을 일삼다 결국엔 다시 감옥으로 돌아가고 말았다. 두 죄수의 사례에서도 알 수 있듯이 하늘과 땅이라는 프레임의 차이, 감사와 불평이라는 패러다임의 차이에 따라 운명이 달라진다.

인생에서 성공과 행복을 원한다면, 당연히 하늘이라는 프레임, 감사라는 패러다임을 선택해야 한다. 40대 역시 마찬가지다. 지금까지 40년을 살아오면서 자신도 모르게 형성된 고정관념과 편견의 감옥으로부터 벗어나야 한다. 새로운 시각에서 세상을 바라보고, 새로운 관점으로 인생을 이해할 때 슬기롭고 행복한 삶을 살아갈 수 있다. 이를 위해서는 먼저 다음과 같이 노력해야 한다.

첫째, 행복의 패러다임을 바꿔라.

'성공은 목표를 이루는 것, 행복은 성공하는 것'이라는 패러다임을 버려라. 행복하게 사는 것이 성공이며, 행복은 일상에서 작은 목표를 이루는 것이다. 하루에 3번 이상 웃기, 3번 이상 칭찬하기, 10분 이상 산책하기, 가족과 저녁식사하며 대화 나누기 등의 작은 목표를 실천하는 것이 행복이다.

둘째, 성공의 프레임을 바꿔라.

자기 자신을 다른 사람과 비교하는 프레임을 버려라. 아프리카 흑인 최초의 올림픽 마라톤 금메달리스트, 아베베 비킬라는 이렇게 말했다. "나는 남과 경쟁해서 이긴다는 것보다 자신의 고통을 이겨내는 것을 언제나 우선으로 생각한다. 고통과 괴로움에 지지 않고 마지막까지 달렸을 때 그것은 승리로 연결되었다." 타인과의 경쟁이 아니라 스스로와의 싸움에서 이겨내는 것을 성공이라 생각하라.

셋째, 인생의 프레임과 패러다임을 바꿔라.

'흘러간 과거'에 연연하지 말고, '현재와 미래'에 주목하라. '없는 것'이 아니라 '가진 것'에 시선을 돌려라. '얼마 남은 인생'이라고 말하며 아쉬워하지 말고, 덤으로 받은 '추가 인생'이라고 생각하며 즐겁게 살아라.

이밖에도 40대가 되면 인생 전반에 걸쳐 프레임과 패러다임의 전환을 꾀해야 한다. 부부관계에 갈등이 많다면 '아내가 아니라 여왕'이라는 프레임으로 바꿔야 한다. 아마도 연애시절에는 십중팔구 '여왕처럼 모시고 살겠다.'는 맹세를 했을 것이다. '으레 하는 말'이 아니라 '반드시 그 약속을 지키겠다.'는 패러다임으로 전환해야 결혼생활이 화목해진다. 직장에서는 일보다 관계라는 프레임으로 동료와 부하들을 바라봐야 한다. 인간관계는 'Give & Take'가 아니라 'Give & Forget'이라는 패러다임으로 바꿔야 한다. 삶이라는 시간에 대해서도 마찬가지다. 40대는 80세 인생이라는 프레임으로 보면 후반전이지만, 100세 인생이라는 프레임으로 보면 전반전에 해당된다. 감사할 것인지, 아쉬워할 것인지는 전적으로 우리에게 달려 있다.

우리가 무엇을 볼 것인지는 나의 프레임이 결정한다. 어떻게 느끼고, 어떻게 받아들일 것인지는 나의 패러다임이 결정한다. 40대가 되면 땅이 아니라 하늘을 보고, 불평이 아니라 감사함을 느낄 수 있어야 한다. '건강만 있으면 행복하게 살 수 있다.'는 진리를 아직 건강할 때 깨달아라.

랜프 월도 에머슨의 말처럼, "아름다움을 찾으려고 온 세상을 두루 헤매도 스스로의 마음속에 아름다움을 지닌 사람이 아니면 그것을 찾을 수 없는 법이다." 먼저 내 마음의 창을 깨끗하게 닦고, 인식의 틀을 새롭게 리모델링하라. 틀림없이 밝고 행복한 세상이 보일 것이다.

굳히기,
뒤집기

출판사에서 보내준 《인의로 천하를 얻다》라는 책이 도착했다. 무려 700여 페이지에 달하는 두께가 중량감을 안겨주며 독서 의욕을 자극한다. 책을 펼쳐보니 삼국지에 나오는 시대를 풍미한 영웅호걸들의 삶을 다루고 있다. 조조, 유비, 손권을 필두로 제갈량, 사마의, 여몽 등 익숙한 이름들이 눈에 쏙쏙 들어온다. 입지(立志)와 결의(決意), 합종(合從)과 연횡(連衡), 지략(智略)과 책략(策略), 그리고 공성(攻城)과 수성(守城)의 명장면들이 실감나게 서술돼 있다.

두말할 것 없이 전쟁의 역사야말로 가장 흥미진진한 대하드라마임에 틀림없다. 그리고 보니 최근에 역사를 다룬 책이 많이 등장하였다. 《3분 고전》, 《후흑학》, 《마흔에 읽는 손자병법》 등……. 아마도 과거의 교훈을 통해 현재의 고난을 이겨내고, 슬기롭게 미래를 대비할 수 있는 지혜를 얻으려는 까닭일 것이다. 역사는 반복된다는 관점에서 바라본다면 지극히 현명하고 마땅한 일이다. 토인비는 역사를 도전(挑戰)과 응전(應戰)의 개념으로 해석하였는데, 한 개인의 삶 또한 도전과 응전의 역사일 것이다. 며칠 전 지방에 사는 후배가 문자 메시지로 사진 한 장을 보내왔다. 엎드린 채 고개를 겨우 가누고 있는 갓난아기의 모습과 함께 이렇게 적혀 있었다.

"축하해주세요. 지원이가 드디어 뒤집기에 성공했어요. 만세, 만만세입니다!"

딸을 사랑하는 후배의 마음과, 오래전 아이들을 키우며 느꼈던 벅찬 감정이 오버랩되며 잠시 동안 훈훈한 마음에 젖어들었다. 그리곤 후배에게 축하와 격려(?)의 답신을 보내주었다.

"축하해. 이제 걸음만 걸으면 다 키웠네. 힘내라!"

갓 태어난 아기가 걸음마를 걷기 전까지는 3천 번 정도를 넘어진다고 한다. 그야말로 놀라운 도전의 역사가 아닐 수 없다. 3천 번의 실패에도 포기하지 않고, 끝내 자신의 목표를 이룰 수 있는 존재가 사람이라는 뜻이 아닌가! 이제 7전 8기라는 말은 3000전 3001기로 바꿔야 한다.

세계적인 베스트셀러 《해리포터》 시리즈는 12개 출판사로부터 거절당했고, 《영혼을 위한 닭고기 스프》는 무려 123개의 출판사로부터 퇴짜를 맞았다. KFC의 커넬 샌더스는 1,008번의 거절을, 과학자 에디슨은 전구를 발명하기까지 2천 번이 넘는 실패를 거듭하였다. 그렇지만 그들은 포기하지 않았고 마침내 성공을 거머쥐었다. 자신의 인생에서 도전과 공성(攻城)을 통해 뒤집기에 성공한 것이다.

어제는 트위터를 통해 알게 된 지인 5명과 저녁식사를 함께했다. 인연을 맺은 지 3년이 지나가니 모두 막역지교, 의형제 같은 사이가 되었다. 그리고 보니 하나같이 40대의 나이다.

S는 모임의 막내로 개인 사업을 하고 있다. 반도체 유통업을 하다가 최근에는 친구와 함께 LED 조명사업에 뛰어들었는데, 다음 달 일본 오사카에서 열리는 전시회 준비에 여념이 없다고 한다. 마음에 담은 포부에 대해서는 말을 아끼지만 아무래도 뒤집기에 들어간 듯싶다. H는 두 번째 막내다. 대학을 졸업한 후, 16년간 IT업계에 몸담았다. 계속 그 길로 가면 좋으려만 몇 달 전 회사를 퇴직하고 말았다. 여러 가지 동기가 있겠지만 가장 큰 이유는 전문 강사가 되고 싶다는 꿈 때문이란다. 역시 인생 2막, 뒤집기에 들어간 형국이다.

J는 H와 동갑이다. 여성이다. 학원을 운영하다 폐업했고, 현재는 지역신문 기자로 활동 중이다. 성격이 활달해 정치권으로부터 영입 제의를 자주 받는다. 가만히 보니 선거 출마 문제로 고민하는 눈치다, 본인 입으로도 말하지만 인생역전, 뒤집기를 꿈꾸고 있다.

C는 넘버 3다. 부침이 많은 인생을 살아왔다. 삼성생명에서 12년을 근무했고, 경인방송에서 PD로 일했다. 그 후 이런저런 분야를 거쳐 지난 달 복지 TV에 입사하였다. 오래전부터 바비큐에 관심이 많아 사단법인까지 설립했고, 최종 목표는 프로 바비큐대회를 개최하는 것

이라 말한다. 뒤집기 기회를 저울질하는 판세다.

J는 공인회계사다. 남성이며 넘버 2다. 원래는 나와 동갑이지만, 생일이 조금 늦다. 최근 모임에 합류했는데 알고 지낸 지는 가장 오래되었다. 그동안 다니던 회사를 퇴직하고 개인 세무사무실을 운영 중이다. 속마음은 모르겠지만 그의 목표는 굳히기로 판단된다. 마라톤, 배드민턴, 등산 모임에 참석하고 청소년범죄자문위원 등으로 활동하며 사업에 내실을 기해가고 있다.

마지막 여섯 번째는 단지 나이가 가장 많다는 이유로 넘버 1이 된 필자다. 성공보다는 실패를 많이 겪은 축에 속한다. 지금까지 사용한 명함만 대략 50여 가지에 이른다. 따라서 뒤집기와 굳히기의 관점으로 구분해보면 나 역시 뒤집기를 시도 중이다. 전업 작가로서의 뒤집기에 성공하기 위해 오늘도 사력을 다한다.

40대는 성공과 실패를 가름하는 절체절명의 시기다. 이 시기를 현명하게 보내야 인생의 굳히기, 또는 뒤집기에 성공할 수 있다. 로또복권의 광고 문구에 등장하는 '인생역전' 을 의미하는 것이 아니다. 내가 좋아하는 일을 하며 살아가겠다는 뒤집기, 그동안 잘못 살아온 인생을 잘 살아보겠다는 뒤집기, 옳지 못한 삶이 아니라 옳은 삶을 살아가겠다는 뒤집기를 말한다. 돈과 성공? 물론 당연한 뒤집기의 대상이다. 그렇지만 그것만이 인생에서 가장 중요하다는 생각 또한 뒤집어야 한다. 40대의 뒤집기는 고정관념과 타성을 뒤집는 일에서부터 시작되어야 한다.

지금까지 살아온 40년의 삶에서 교훈을 찾아라. 그리고 공성(攻城)과 수성(守城)을 통해 뒤집기와 굳히기에 들어가라. 역사는 승리하는 자의 기록이라는 사실을 기억하자.

돌다리도
두들겨보고
건너라

돌아갈 수 없는 것은 슬프다. 돌아올 수 없는 어린 시절, 돌아갈 수 없는 고향, 돌아갈 수 없는 직장, 돌아갈 수 없는 첫사랑……. 우리의 삶 자체가 과거로 돌아갈 수 없는 시간여행이니만큼 어쩔 수 없는 일이다. 오히려 돌아갈 수 없는 것에 대한 추억을 마음 한편에 간직하고 사는 것도 큰 행복이라 위로해본다.

나는 87학번이다. 원래 나이로는 82학번이 되어야 정상이지만 재수, 삼수, 군복무를 거쳐 대학에 입학한 까닭이다. 1987년 4월, 제대 후 참석한 첫 번째 수업 풍경이 아직도 눈앞에 선하다. 고전문학 시간이었는데, 창 너머로 보이는 하얀 목련꽃이 파란 하늘을 배경으로 가슴 벅차게 아름다웠다. 그렇게 눈부신 봄날처럼 나의 대학생활은 시작되었다. 몸은 자유로웠고 마음은 열정으로 가득했으며, 세상은 마치 보물 상자처럼 느껴졌다. 내가 할 일은 상자에 손을 집어넣고 가장 마음에 드는 보물 하나를 꺼내기만 하면 되는 것 같았다. 그렇지만 그런 영화 같은 장면은 일어나지 않았다.

1학년 1학기가 지나기도 전에 나는 대학생활에 염증을 느끼기 시작했고, 막연하게 다른 세계로의 탈출을 꿈꿨다. 강의실과 도서관에도 발길을 끊었으며 창작에 대한 꿈도 포기하였다. 막걸리와 파전, 담배 연기와 당구, 그리고 기나긴 방황 속에 시간이 침식되었다. 어느 날, 문득 눈을 떠보니 졸업식이었고, 다시 몇 번 눈을 깜빡했을 뿐인데 어느덧 40대의 끄트머리에 도착해 있다. 그야말로 인생은 유수(流水)요, 광속(光速)이요, 화살이요. 번갯불이었다.

인생을 살다보니 성공의 시간은 찰나와 같고, 실패의 시간은 영원보다 길었다. 특히 40대로 접어드니 더욱 확연하게 달라졌다. 30대까지만 해도 실패의 후유증은 그리 크지 않았고, 얼마 지나지 않으면 훌훌 털고 다시 일어설 수 있었다. 33살에 직장을 퇴직할 때부터 출판사, 인터넷 사업, 부동산 회사, 그리고 지방선거에 낙선한 40살까지는 그랬다. 실패하면 다시 일어섰고, 경제적인 손실도 곧바로 회복되었다. 심지어 때로는 넘어지더라도 전화위복을 가져다주는 실패도 있었다.

그러나 40대에 들어서니 모든 게 달라졌다. 한 번 넘어지면 심하게 부상을 입었고, 곧바로 일어서지 못했다. 한 번 잘못 던진 패는 낙장불입이 되어, 아주 치명적인 결과를 초래하였다. 이때부터 나는 새옹

지마(塞翁之馬)라는 말보다는 호사다마(好事多魔)라는 말에 더욱 고개를 끄덕이기 시작했다.

만약 대학 시절로 돌아간다면, 나는 배우고, 만나고, 떠나고, 사랑하는 일로 시간을 보낼 것이다. '카르페 디엠(carpe diem)'과 '이것 또한 지나가리라.'는 말을 읊조리며 도전과 모험을 찾아 '복불복'을 마다하지 않을 것이다.

더 많이 경험하기 위해, 더 많이 실패하기 위해, 더 치열하게 삶에 뛰어들 것이다. 그런데 만약 내가 40대의 초입으로 돌아간다면? 아마도 20대와는 정반대로 살게 될 것이다. 돌다리도 두들겨보고 건너며, 호시우보(虎視牛步)를 좌우명으로 삼아 조심스럽게 살아갈 것이다.

물론 나는 용기와 모험, 도전의 중요성을 잘 알고 있다. 용기 있는 자가 미인을 얻고, 장미꽃을 따기 위해 때론 낭떠러지 끝까지 걸어가야 하는 법이다. 따라서 내가 40대에게 강조하고 싶은 것은 소심함이 아니라 조심성이다.

우리 주변을 둘러봐도 마찬가지다. 많은 사람들이 조심성 없게 말하고, 조심성 없는 행동으로 적이나 원수를 만든다. 조심성 없게 사업을 시작하고, 조심성 없게 사업을 확장하고, 조심성 없게 주식이나 부동산을 사고팔아 쪽박을 차기도 한다. 사업과 인생의 성패는 조심성에 달려 있다고 해도 과언이 아닐 것이다.

돌다리도 두들겨보고 한 걸음 한 걸음 신중하게 내딛어라. 20대의 특권이 열정이라면, 40대의 특권은 조심성이다. 돌아갈 수 없는 것은 슬프고 40대의 실패는 뼈저리다. 호랑이의 눈빛처럼 살피고 소의 걸음처럼 천천히 걸어가라.

행운아가
되는
법

고등학교 친구 K는 행운아(幸運兒)다. 친구들끼리 게임을 하거나 내기를 하면 십중팔구 그에게 승리가 돌아간다. 그렇다고 실력이 뛰어난 것도 아닌데 그에게는 신기하리만치 행운이 깃든다. 주식을 사면 주가가 오르고, 집을 사면 부동산 가격이 상승한다. 로또를 사면 최소한 4등 이상은 당첨이 되고, 심지어 함께 길거리를 걷다가 굴러다니는 돈을 가장 먼저 발견하기까지 한다. 얼마 전에는 백화점 이벤트에 당첨되어 100만 원짜리 상품권을 받았다고 자랑하여 깜짝 놀랐다. 나로서는 상상조차 힘든 일인데 K에게는 드문 일도 아니라, 자주 일어나는 행운이다. 참 부러운 일이다.

반면에 나는 불운아(?)다. 친구들과 게임이나 내기를 하면 십중팔구 패배를 맛본다. 주식을 사면 주가가 떨어지고, 집을 사면 부동산 가격이 떨어진다. 로또를 수십 번 사봤지만 유일하게 5등에 한 번 당첨되었을 뿐 4등 이상은 꿈도 꿔보지 못하였다. 지금까지 길거리에서 주은 돈을 모두 합해야 1만 원이 넘지 않을 것이다. 특히 내가 스스로를 불운하다고 생각하는 것은 평생 단 한 번도 추첨에 당첨된 적이 없다는 사실이다. 으레 하는 말이 아니다. 진짜 그렇다. 지금까지 책 한 권, 볼펜 한 자루 당첨된 적이 없다. 모임이나 행사에서 경품 추첨 순서가 있으면 아예 마음을 비우고 관심조차 두지 않은 지 이미 오래전이다. 그동안 사업이나 추진하다 실패한 프로젝트는 헤아리기도 민망할 정도다. 참 억울한 일이다.

도대체 행운이란 무엇이고 어떻게 생겨나는 것일까? 곰곰이 생각해보면 인생은 행운과 불운 사이의 대결이다. 몇 가지 자료들을 살펴보자. 고목생화(枯木生花)는 마른 나무에서 꽃이 핀다는 뜻으로, 곤궁한 처지의 사람이 행운을 만나 신기(神奇)하게도 잘 됨을 뜻하는 말이다. 맹귀부목(盲龜浮木)은 눈먼 거북이가 물에 뜬 나무를 만났다는 뜻으로, 어려움에 처했을 때 뜻밖의 행운(幸運)을 만나 어려움을 면하게 됨을 이르는 말이다. 이처럼 실패와 역경의 순간에 행운이 찾아와준다면 성공은 한층 쉽게 얻어질 것이다.

우리 주변에는 행운과 관련된 상징이나 풍습을 쉽게 발견할 수 있다. 사람에게 행운을 가져다주는 여신을 그리스 신화에서는 튀케(Tyche), 로마 신화에서는 포르투나(Fortuna), 시칠리아 섬에서는 아가타(Agatha)라고 부른다. 나라마다 행운의 숫자가 존재하는데 우리나라에서는 3, 중국에서는 8, 서양에서는 7이 행운을 가져다주는 숫자로 선호된다. 마스코트(mascot)는 행운을 가져온다고 여겨 소중하게 간직하는 물건을 의미하는데 네잎클로버는 대표적인 행운의 상징이다. 나폴레옹이 네잎클로버를 꺾기 위해 고개를 숙이는 순간, 머리 위로 총탄이 날아가 목숨을 건졌다는 이야기가 설득력 있게 전해진다. 미국의 2달러 지폐 또한 많은 인기를 얻고 있다. 영화배우 그레이스 켈리가 〈상류사회〉에 함께 출연한 프랭크 시나트라에게 선물을 받은 후 모나코의 왕비가 되자 행운의 상징으로 자리잡기 시작했다. 이외에도 행운의 편지, 행운의 주문, 행운의 색, 행운의 열쇠 등 수많은 행운의 징표들이 존재한다.

서양 속담에는 "편자를 발견하면 행운이 온다."는 말이 있다. 말은 사람을 밟고 지나가지 않는 습성이 있기 때문에 말편자는 액운을 막고 복을 가져다주는 행운의 상징물로 받아들여진 것이다. 독일에서는 임신한 여성이 열쇠를 지니고 있으면 순산할 수 있다고 믿는다. 그리스인들은 우박과 싸라기눈 등의 피해를 막기 위해 밭이나 과수원 주위에 열쇠를 매달았다. 다소 우스꽝스럽게 보이기도 하지만 행운을 갈구하는 사람들의 심정을 헤아려보면 차라리 숙연한 마음까지 생겨난다. 게다가 인터넷 여기저기를 떠돌아다니는 행운의 편지를 발견하거나, 행운을 얻기 위해 다른 사람의 속옷을 도둑질했다는 신문기사를 읽게 되면 안쓰러운 마음이 더욱 강해진다. 이처럼 사람은 누구나 행운과 친해지기 위해 노력하고, 반대로 불운으로부터는 멀리 도망치고 싶어한다. 참 안타까운 일이다.

며칠 전, 대학교 동문 모임에 참석했는데 행사 막바지에 경품 추첨 시간이 있었다. 어차피 나와는 상관없는 일이라 생각하고 골똘히 다른 생각에 잠겨 있었다. 역시나 1등 경품인 금수저 부부세트는 제일 뒤쪽에 앉은 여성에게 돌아갔다. 2등 경품인 백화점 상품권은 앞쪽에 앉은 사람이 당첨되었다. 신기하고, 부러운 마음으로 추첨이 끝나기만을 기다리는데 갑자기 사회자가 이렇게 말한다.

"여러분, 1등 경품인 금수저 부부세트가 몇 개 더 남아 있습니다. 선물로 받고 싶은 분은 앞으로 나와서 아내를 얼마나 사랑하는지 소개해주세요. 가장 멋진 내용으로 발표하는 3분에게 금수저를 드리겠습니다."

300여 명에 이르는 참석자 대부분이 선뜻 나서지 않는 가운데 3~4 명 남짓한 사람들이 자리에서 일어서기 시작했다. 그 모습을 지켜보던 나는 스스로에게 마음속으로 질문을 건넸다.

"한 번 나가볼까? 그러면 나에게도 행운이 돌아올까?"

찰나의 갈등을 끝내고 나는 자리에서 벌떡 일어나 앞으로 걸어나갔다. "제가 이 자리에 나오게 된 이유는 딱 한 가지입니다. 경품 추첨 이벤트가 있으면 반드시 참가하라는 아내의 엄명 때문입니다." 그날 나는 금수저 부부세트를 손에 들고 당당히 집으로 금의환향할 수 있었다. 생애 최초의 경품 당첨, 그리고 내 스스로의 의지와 노력으로 행운을 거머쥐었다는 사실이 나를 뿌듯하게 만들어주었다. 이제 나는

'금수저'라는 행운의 마스코트를 지니게 되었으니 앞으로 점점 더 많은 행운을 차지하고, 점점 더 행운아가 될 것이라고 애써 믿어본다. 참 행복한 일이다.

사실 금수저 부부세트를 받는 행운을 차지했음에도 불구하고 '행운은 노력하는 자의 것'이라고 강력하게 주장할 자신은 아직 없다. 다만 로렌스 굴드의 "인생에 있어서 기회가 적은 것은 아니다. 단지 그것을 볼 줄 아는 눈과, 붙잡을 수 있는 의지를 가진 사람이 나타나기까지 기회는 잠자코 있는 것이다."라는 말로 생각을 대신하고자 한다. 앞에서 말한 내 경우에도 마찬가지였다. '금수저'라는 행운이 제 발로 나를 찾아온 것이 아니라 내가 금수저라는 행운에게 다가가 두 손으로 붙잡은 것이다. 만약 그 자리에 있던 다른 300여 명처럼 자리에서 일어서기를 망설이다가 결국 포기했다면 나 역시 생애 최초의 행운은 거머쥐지 못했을 것이다. 결국 행운이라는 파랑새를 잡고 싶다면 최소한 행운을 향해 힘껏 손을 내뻗어야만 한다. 감나무 밑에서 감이 떨어지기만을 기다릴 것이 아니라 최소한 감나무 밑동을 열심히 흔들어야 한다는 것이다.

지금 이 글을 읽고 있는 여러분이 스스로를 행운아라고 생각하는지, 또는 불운아라고 생각하는지 잘 모르겠다. 아마도 '행운아는 아니다.'고 믿는 사람들이 많지 않을까 추측해본다. 이제 과거는 잊어버려라. 지금까지의 인생이 어떠했든 앞으로 행운의 40대를 보내려면 행운아가 되기 위해 힘껏 노력해야 한다. 미국 제3대 대통령 토머스 제퍼슨은 다음과 같이 말했다. "나는 운을 신봉하는 사람이다. 그렇지만 더 열심히 일할수록 더 많은 운을 갖게 된다는 것도 잘 알고 있다." 나는 이 말을 이렇게 바꿔 표현하고 싶다. "나는 행운아가 아니다. 그렇지만 더 많이 노력할수록 행운아가 될 확률이 높다는 것도 잘 알고 있다."

행운이 찾아오기를 앉아서 기다리지 말고 자리를 박차고 일어나 행운을 향해 달려가라.

마음 버릇, 말버릇, 몸 버릇을 바꿔라

　어제는 인터넷 커뮤니티 회원들의 정모에 강의를 다녀왔다. 평소에 존경하는 분의 특별한 요청이었기에 흔쾌히 응하게 되었다. 모임장소에 도착해보니 참석자들의 연륜이 높고, 한결같이 밝은 얼굴이었다. 사회자의 진행 하에 거북이의 〈빙고〉라는 노래를 부르고, 모임의 슬로건을 힘차게 외치며, 사뭇 진지하고 열띤 분위기 속에 강의를 시작하였다. 이런 저런 몇 가지 소견을 이야기한 후, 한 가지 질문으로 강의를 마무리하였다.

　"성공과 행복의 비결은 바꾸느냐, 아니면 바뀌느냐에 달려 있습니다. 어느 쪽이 정답이라 생각하십니까? 결론은 여러분의 판단에 맡기겠습니다."

　집으로 돌아오는 길에 오래전 텔레비전에서 본 장면이 머릿속에 떠올랐다. 〈뉴하트〉라는 드라마였다. 가정은 소홀히 한 채 병원 일에만 미쳐 사는 남편이 아내에게 전화를 건다. 그리곤 손님과 동행할 예정이니 집 근처에 있는 식당으로 나오라 말한다.

이윽고 약속 시간, 두 사람은 탁자를 사이에 두고 마주 앉아 있다. 남편은 애꿎은 물만 연신 들이킨다. 자꾸만 시간이 흘러가자 아내가 먼저 입을 연다.

아내 : 오시는 분이 여기 안대요?
남편 : 응.
아내 : 당신이 밖에 나가봐요. 못 찾나봐요.
남편 : 못 찾는 거 아냐. 이미 와 있어.
아내 : 와 있어요? 어디에요? 누군데요?

남편은 탁자 옆으로 자리를 옮기더니, 갑자기 무릎을 꿇고 아내에게 말한다.

남편 : 여기 왔어. 여기 새사람이 왔어. 옛사람은 가고 완전히 다른 새사람. 당신을 아끼고 사랑하고 그리워하는 새사람이 왔어. 당신은 내 마누라고, 애 엄마고, 가족이니까 내가 수술 때문에 바쁘고 늦어도 당연히 날 이해할 거라고 생각했어. 늘 기다려도 된다고 생각했어, 미안하다는 말조차 안했어. 당신을

기다리게 해서 미안하고, 외롭게 해서 미안하고, 당신 맘을 몰라줘서 미안해. 수술에만 미쳐 살아서 미안해. 지금까지 같이 살아줘서 고맙고, 날 떠나지 않아줘서 고마워, 미안하고 고맙고 사랑해."

생각지도 못했던 남편의 고백을 들으며 아내는 뜨거운 눈물을 흘리기 시작한다. 남편은 옆으로 다가가 아내를 꼭 안아준다.

부부관계에서 갈등을 해결하려면 상대방을 바꾸려 애쓰지 말고, 내가 먼저 바뀌려 노력해야 한다.

'부부관계는 지는 게 이기는 것'이라는 말도 내가 먼저 바꾸어야 한다는 표현이다. 비단 부부관계뿐만이 아니다. 모든 인간관계가 마찬가지며, 성공과 행복의 비결도 똑같다.

옛사람은 떠나보내고, 완전히 다른 새사람으로 태어나야 성공과 행복을 품안에 안을 수 있다. 어제와 똑같은 사람에게는 어제와 똑같은 결과만 찾아올 뿐이다. 그런데 새사람으로 거듭나려면 어떻게 해야 할까? 크게 3가지 버릇을 바꿔야 한다.

첫째, 마음 버릇이다.

비관적인 생각, 두려움, 이기심, 고집, 원망 등의 부정적인 마음 버릇을 버려야 한다. 그리곤 희망, 용기, 배려, 존중, 관용 등의 긍정적인 마음 버릇을 가져야 한다.

둘째, 말버릇이다.

흉보는 말, 탓하는 말, 무시하는 말, 상처 주는 말버릇을 버려야 한다. 그 대신 감사하는 말, 칭찬하는 말, 격려하는 말과 같은 따뜻한 말버릇을 가져야 한다.

셋째, 몸 버릇이다.

무뚝뚝한 표정, 찡그린 표정, 거만한 태도, 맥없는 자세 등의 잘못된 몸 버릇을 버려야 한다. 그 대신 밝은 표정, 웃는 표정, 겸손한 태도, 열정적인 자세 등의 올바른 몸 버릇을 가져야 한다. 옛사람에서 새사람으로 태어나려면, 옛날 버릇을 버리고 새로운 버릇을 가져야 한다.

'세 살 버릇 여든까지 간다.'는 속담이 있다. 한 번 형성된 버릇은 쉽게 바뀌지 않는다는 뜻이다. 100번을 생각해도 맞는 말이다. 나는 아직도 새우잠을 자고, 내 자신도 모르는 사이에 자주 인상을 찌푸리며, 다른 사람에 대한 비난을 함부로 내뱉는다. 그리곤 아차하며 후회를 한다. 오래전부터 고치려 노력했지만 쉽게 바뀌지 않는 버릇들이다. 이처럼 새사람으로 거듭나기 위해서는 지속적인 노력이 필요하다는 사실을 명심해야 한다. 이를 위해서는 먼저 슬로건부터 만드는 것이 좋다. 다음과 같이 3가지 버릇을 포함해 작성하면 된다.

• 하루에 3번 참고(마음 버릇) 3번 웃고(몸 버릇) 3번 칭찬하자(말버릇).
• 하루에 3번 감사하고(마음 버릇) 3번 안아주고(몸 버릇) 3번 격려하

자(말버릇).

- 긍정적으로 생각하고(마음 버릇) 자신 있게 행동하고(몸 버릇) 따뜻한 말을 하자(말버릇).

성공과 행복의 비결은 버릇을 바꾸는 것이다. 감사하고, 웃고, 칭찬하는 버릇 속에 성공과 행복이 찾아온다. 지금 당장 옛사람을 떠나보내고 새로운 버릇을 지닌 새사람으로 거듭나라.

여러분,
힘내세요!

    강의 준비를 위해 자료를 검색하는데 유머 하나가 눈길을 끈다. '노년에 조심해야 할 3대 바보'라는 제목 아래 ① 자식에게 재산 물려주고 용돈 타 쓰는 사람, ② 손자, 손녀가 찾아올까봐 집 늘려 이사 가는 사람, ③ 손자, 손녀 돌봐주는 사람을 꼽고 있다. 공감과 함께 씁쓸한 마음이 찾아든다. 얼마 전에도 비슷한 글을 본 적이 있다. '손자, 손녀 돌보지 않는 법'이라는 제목으로 다음과 같은 비법(?)들을 소개하고 있다.

- 김치를 입으로 쪽쪽 빤 뒤 손으로 찢어서 손자에게 먹인다.
- 행주로 입을 닦아준다. 행주가 눈에 안 띄면 걸레로 닦아준다.
- 바퀴벌레가 나타나면 손으로 때려잡는다.

- 밥을 입에 넣어 씹었다가 먹여준다.
- 진한 사투리(전라도, 경상도 또는 제주도)로 아이와 정겹게 대화를 나눈다.
- 조기교육 삼아 고스톱을 가르친다.
- 빠다(버터), 빤쓰(팬티) 등 토속적인 발음으로 영어를 가르친다.

영국 아동전문가 미리엄 스토퍼드는 《인생의 오후, 사랑할 시간입니다》라는 책에서 이렇게 말했다. "나는 내가 이렇게 나이가 들어서도 사랑이라는 감정에 또다시 가슴 뛰게 되리라고는 전혀 예상하지 못했다. 하지만 첫 손자를 안는 순간, 내 가슴이 심하게 두근거리는 것을 들었고, 머리부터 발끝까지 짜릿한 전율을 느꼈다. 그리고 비로소 깨달았다. 이것이야말로 인생이 내게 준 최고의 선물이라는 것을." 손자가 최고의 선물이 될지는 모르겠지만, 살다보면 자식이 애물단지처럼 느껴지는 순간이 있는 것도 사실이다. 한동안 BC카드의 광고가 폭발적 인기를 끌었던 적이 있다. 토끼처럼 귀여운 아이 두 명이 퇴근한 아빠를 맞이하며 율동과 함께 노래를 부른다.

"아빠 힘내세요, 우리가 있잖아요. 아빠 힘내세요, 우리가 있어요."

그리곤 탤런트 송혜교가 "대한민국 엄마, 아빠, 파이팅!"을 외치며 마무리를 짓는다. 당시 전 국민이 이 노래를 따라 불렀고, 지금도 입 속으로 가사를 흥얼거리는 분이 있을 것이다. 세상의 모든 아빠들에게 힘과 용기를 안겨준 광고였다. 그런데 그 당시 반짝 등장했던 유머

중에는 이런 것도 있다.

"애들아, 아빠가 힘든 건 너희들 때문이란다."

물론 아이들이 인생의 축복이요, 삶의 에너지라는 점은 믿어 의심치 않는다. 나 또한 아들로부터 희망의 문자 메시지를 받은 적이 있다. 초등학교 1학년 무렵으로 기억하는데 대략 다음과 같은 내용이었다.

"아빠, 사랑해요. 힘내세요. 힘내라 힘. 그리고 용돈 좀 줘요."

천진난만한 아들의 문자에 나는 실컷 웃었다. 그리곤 아들의 응원에 힘입어 활기찬 하루를 보낼 수 있었다. 그날 저녁, 아들에게 특별보너스가 지급되었음은 두말할 나위 없다. 내 휴대폰에는 아들의 전화번호가 '양희재 나의 보물'이라 저장되어 있다.

자식이 보물이라고 믿지만, 언제까지나 응원가를 불러주리라고 기대하지는 않는다. 사실 고교 입시, 대학 입학, 취업, 결혼 등 스스로의 삶을 살아가기도 벅찬 게 요즘 아이들이다. 오히려 '아들 힘내세요.'라는 문자를 보내줘야만 하는 세상이다. 나 역시 '힘내세요.'라는 문자를 받아본 지 오래되었다. 용돈이 절약되는데도 마음이 밝지 않은 것을 보면 사람은 역시 애정과 격려로 살아가는 존재인 듯싶다.

40대는 외롭다. 그리고 또 힘들다. 때로는 일이 힘들고, 때로는 마음을 털어놓고 따뜻한 위로를 받을 사람이 없다는 사실에 외롭다. 남편은 남의 편이고, 아내는 안에만 있다. 그러니 이제는 스스로를 응원하는 지혜를 가져야 한다. 몸의 피로회복제는 약국에 있지만, 정신의 피로회복제는 우리들 마음속에 있다는 사실을 명심해야 한다. 내가 주로 사용하는 방법은 문자 메시지다. 예를 들면 일주일 후 다음과 같은 문자가 나에게 발송되도록 예약해놓는 것이다.

"우리 모두는 진흙탕에서 허우적대지. 그러나 이 가운데 몇 명은 밤하늘의 별을 바라본다네. - 오스카 와일드"

힘내라. 살아가는 일이 외롭고, 힘들 때 스스로를 두 팔로 끌어안으며 응원하라. 세상은 자기 자신을 사랑할 줄 아는 사람을 사랑하는 법이다. 그리고 자기 자신을 응원할 줄 아는 사람만이 가족과 친구, 세상을 향해 따뜻한 응원을 보낼 수 있다. 지금 당신에게 응원을 보내라.

"괜찮아. 다 잘 될 거야. 그동안 수고 많았지? 정말 잘해왔어. 힘내."

1. 가슴 뛰는 삶을 살아라.

40대가 되면 건강과 열정을 최우선으로 관리하라. 하루에 30분 이상 땀을 흘리고, 하루에 30분 이상 열정에 사로잡혀라. 인생의 목적은 안전이 아니라 도전과 모험이다. 지금, 가슴 뛰는 삶을 살아라.

2. 마지막 승부를 걸어라.

40대는 인생의 중반전이다. 이기고 있는 사람은 굳히기를, 지고 있는 사람은 뒤집기를 위해 온몸을 뜨겁게 불살라라.

3. 행복 방정식을 만들어라.

"행복하게 사는 것이 성공이고, 일상에서 작은 계획을 실천하는 것이 행복이다."는 식으로 자신의 성공과 행복 방정식을 적어보라. 인생과 미래가 더욱 명확해질 것이다.

4. 남과 다르게, 어제와 다르게 하라.

매일 아침 스스로에게 "남과 다르게, 어제와 다르게 일하고 있는가?" 라고 질문하라. 그것이 성공의 유일한 핵심 비결이다.

5. 행복하지 않은 시간도 행복하게 살아라.

항상 감사하고, 많이 웃고, 사람들에게 베풀어라. 내일을 위해 오늘의 행복을 포기하지 마라. 지금 이 순간 소소한 일상에서 행복을 만들어라.

6. 아내를 여왕처럼 모셔라.

아내란 청년 시절에는 연인이고, 중년 시절에는 친구이며, 노년 시절에는 간호사다. 결혼 전에 여왕처럼 모시겠다고 약속했으니, 10년쯤은 여왕처럼 모시고 살아야 한다. 아내 역시 남편을 대할 때는 왕처럼 존중하라.

7. 부모에게 효도하고, 자식에게 격려하라.

40대는 관계의 거울이다. 부모에게 효도하면 자식에게 효도받고, 자식을 격려하면 부모에게 인정받는다. 부모님께 매일 저녁 문안 전화를 드리고, 자식에게 매일 아침 응원의 말을 건네라.

8. 옛사람을 소중히 하라.

40대에는 걸림돌이 아니라 디딤돌이 되어라. 사람보다 소중한 것은 세상에 아무것도 없다는 사실을 기억하고 옛사람의 성공과 행복에 도움을 줘라.

9. 탓하지 말고 흉보지 마라.

40대는 불혹의 나이다. 삶이 밝을 때나 어두울 때나 절대로 불평하지 마라. 세상이 공평하지 않다는 사실을 받아들여야 인생이 공평해진다.

10. 딴살림을 차려라.

40대가 되면 하루에 1시간쯤은 자신만을 위해 살아라. 가족이나 다른 사람을 위해 헌신하되, 절대로 희생하지 마라. 좋아하는 음악을 듣고, 좋아하는 그림을 그리고, 좋아하는 글을 쓰며 살아라. 개인통장을 만들고 하루에 1만 원씩 저금하라.

신이 말하기를, "네가 원하는 것은 무엇이든 가져도 좋다. 단 대가를 지불하라." – 스페인 격언

나는 장래의 일을 절대로 생각하지 않는다. 그것은 틀림없이 곧 오게 될 테니까. – 아인슈타인

매일 수염을 깎는 것처럼 마음도 매일 다듬지 않으면 안 된다. – 마틴 루터

하루에 3시간을 걸으면 7년 후에 지구를 한 바퀴 돌 수 있다.
– 새뮤얼 존슨

인생은 넓은 바다를 항해하는 것이며 이성은 나침반이고 정열은 질풍이다. – 포프

지금이야말로 일할 때다. 지금이야말로 싸울 때다. 지금이야말로 나를 더 훌륭한 사람으로 만들 때다. 오늘 그것을 못하면 내일 그것을 할 수 있는가! – 토머스 아켐피스

사랑할 만한 것은 사랑하고 미워해야 할 것은 미워할 줄 알아야 하는 것이 인간. 그리고 그 차이를 분간하는 데 쓰는 것은 두뇌이다.
– 로버트 프로스트

하고 싶은 일에는 방법이 보이고, 하기 싫은 일에는 변명이 보인다.
– 필리핀 속담

똑같은 일을 반복하며 다른 결과를 기대하는 것은 어리석은 짓이다.
– 토머스 칼라일

참된 발견은 새로운 땅을 발견하는 것이 아니라 새로운 눈으로 보는 것이
다. – 마르셀 프루스트

당나귀는 긴 귀로 구별할 수 있으며 어리석은 자는 긴 혀로 구별할 수 있
다. – 유태인 속담

아름다움을 찾으려고 온 세상을 두루 헤매도 스스로의 마음속에 아름다움
을 지닌 사람이 아니면 그것을 찾을 수 없는 법. – 랠프 월도 에머슨